WOLFGANG BÜHNE

sich selbst lieben?

Freundschaft, Liebe, Sexualität –
und die Nachfolge Jesu

clv
Christliche
Literatur-Verbreitung e. V.
Postfach 1803 · 4800 Bielefeld 1

EGFD

Verlag und Schriftenmission der
Evangelischen Gesellschaft
für Deutschland
Wuppertal

1. Auflage 1986
2. Auflage 1986
3. Auflage 1987

Satz: Typoservice, Bielefeld
Umschlag: Eberhard Platte
Druck und Verarbeitung: Druckhaus Gummersbach
ISBN 3-87857-213-1 (EGFD)

Inhalt

„Wer sein Leben liebt,
wird es verlieren;
und wer sein Leben in dieser Welt haßt,
wird es zum ewigen Leben bewahren.“

Joh. 12,25

„Mein Leben ist viel zu kostbar,
als daß ich es für mich verschwenden dürfte.“

Stanley Dale, Missionar, mit 52 Jahren
am 25. 9. 68 von den Yalis ermordet.

„Der ist kein Tor,
der hingibt,
was er nicht behalten kann,
auf daß er gewinne,
was er nicht verlieren kann.“

Jim Elliot, Pionier unter den Aucas,
mit 29 Jahren am 8. 1. 56 als Märtyrer
gestorben.

Worauf es ankommt

Vor Jahren soll sich im Lipperland einmal folgende Geschichte ereignet haben:

Irgendein Maurer-Lehrling war seinem Polier gram und hatte sich entschlossen, ihm einen üblen Streich zu spielen. Eines Abends war es ihm gelungen, den Zollstock seines Vorgesetzten zu entwenden und ihn mit viel Geschick und Fleiß um zwei Zentimeter zu verkürzen. Am nächsten Tag greift der Polier nichtsahnend seinen Zollstock, schwingt die Kelle und mauert den Giebel, in welchen am nächsten Tag das Fenster eingesetzt werden soll.

Als schließlich der Schreiner das Fenster einsetzen wollte, paßte es an allen Ecken nicht und es hätte fast eine Schlägerei zwischen Polier und Schreiner gegeben, die sich gegenseitig der schlampigen Arbeit beschuldigten. Beide legten selbstbewußt ihren Zollstock an die Fensteröffnung um zu beweisen, daß der andere nicht nach Maß gearbeitet hatte. Nachdem sie nun ein paarmal gemessen und einander der Kurzsichtigkeit beschuldigt hatten, wurden sie stutzig und merkten, daß es doch wohl nicht mit rechten Dingen zuging. Schließlich kam ihnen die Idee, ihre Zollstöcke einmal nebeneinander zu legen und zu vergleichen. Und siehe da: der Zollstock des Maurers war zwei Zentimeter kürzer.

Vielleicht ist diese Geschichte nur gut erfunden, aber sie macht deutlich, daß ein großes Durcheinander entsteht, wenn die Maßstäbe nicht stimmen.

Ich bin überzeugt, daß der „Diabolos“ heimlich die Maßstäbe von uns Christen verändert hat, während wir schliefen. Wir spüren vielleicht noch, daß irgendetwas in unserem Leben nicht stimmt, haben aber keine Ahnung, woran das liegen könnte und schieben die Schuld dafür anderen in die Schuhe.

In der Technik und Wirtschaft weiß man, wie entscheidend wichtig es ist, daß die Normen für Maße und Gewichte stimmen. Zu diesem Zweck hat man ein Internationales Maß- und Gewichtsbüro eingerichtet, wo das „Urmeter“ – bis vor einigen Jahren aus Platin und Iridium hergestellt – aufbewahrt wird; ein bis auf ein millionstel Millimeter genaues Maß, an dem alle anderen Maßstäbe geeicht werden. Das Chaos wäre nicht auszudenken, wenn dieses „Urmeter“ um einen Bruchteil verändert würde.

Zur Zeit des Alten Testamentes wurden im Volk Israel alle Gewichte nach dem „Sekel des Heiligtums“ ausgerichtet. Im Heiligtum der Stiftshütte, in der Gegenwart Gottes, wurde damals das „Urmaß“ für alle Gewichte aufbewahrt.

Für unser moralisches und geistliches Leben gibt es ebenso absolute Normen, die uns Gott in Seinem Wort hinterlassen hat. Die Bibel allein ist das unfehlbare „Urmaß“ für unsere Ethik und Theologie. Als Christen haben wir darüber zu wachen, daß dieser Maßstab nicht verändert wird und wir tun gut daran, von Zeit zu Zeit unsere gängigen Normen mit denen der Bibel zu vergleichen. Wehe uns, wenn wir uns anstatt nach dem „Sekel des Heiligtums“ nach irgendwelchen kurzlebigen Erkenntnissen der Psychologen oder sonstigen Zeitmeinungen ausrichten.

Eine Bestandsaufnahme

Wenn ich in den vergangenen Jahren hier und da in Jugendkreisen über das Thema „Freundschaft, Liebe, Sexualität" gesprochen habe, stellte ich zu Beginn die Frage: „Wie beschreibt die Bibel die Dreieinheit des Menschen?" Mit 90%iger Sicherheit kam dann die Antwort: „Leib, Seele und Geist."

Diese typische Antwort spiegelt unbewußt unsere Lebenshaltung wieder. Der Leib mit seinen Begierden und Ansprüchen steht bei uns an erster Stelle, während Seele und Geist eine untergeordnete Rolle spielen. Die Tatsache, daß wir die Reihenfolge der Bibel – „Geist, Seele, Leib" (1. Thess. 5,23) – auf den Kopf gestellt haben, ist sicher eine Ursache für den traurigen, kraftlosen Zustand der einzelnen Christen und der Gemeinden im allgemeinen.

Der Badezimmerspiegel ist Zeuge dafür, daß wir die Pflege unseres Körpers ernster nehmen als die Reinigung unseres inwendigen Menschen. Es ist für uns selbstverständlich, daß wir drei- bis viermal pro Tag eine Mahlzeit zu uns nehmen und das Fehlen einer Mahlzeit würde unser Körper sofort mit entsprechenden Signalen beanstanden. Geist und Seele dagegen haben wir auf „Diät" gesetzt und so geschwächt, daß möglicherweise die fehlende „Stille Zeit" am Morgen gar nicht mehr vermißt wird.

Wir sind so abhängig von den Bedürfnissen des Körpers nach Essen, Trinken, Schlaf usw., daß uns das Wort

„Selbstverleugnung" wie ein Schreckgespenst vorkommt. Eine „Null-Bock"-Stimmung finden wir nicht nur unter den Punkern, sondern auch in den eigenen Reihen, wenn es um geistlichen Kampf geht. Der Wohlstand und eine unbiblische Lebenshaltung haben uns zu genußsüchtigen Feinschmeckern auf allen Gebieten gemacht. Die Folge davon ist, daß wir kurzatmig zum Gebet, geistlos zum Bibelstudium und kraftlos zum Glaubensgehorsam geworden sind. Ein Christentum hat sich unter uns etabliert, das weder glaubwürdig noch herausfordernd ist.

Grillfeste, Schlemmerabende und Geburtstagspartys lassen die Herzen höher schlagen, während wir Gebetsnächte und Kämpfe um die Verlorenen entweder gar nicht oder nur aus Büchern kennen. Ich fürchte, daß sich viele Christen in den verschiedenen Weinsorten besser auskennen als in den Verheißungen Gottes.

Der Australier Stan Dale gehörte – bevor er als Missionar zu den Yalis nach Neuguinea ging – zu einem Elite-Korps von Fallschirmjägern, die mit den Alliierten gegen die Japaner kämpften. Während einer Gefechtspause schlenderte Stan zu einer in der Nähe liegenden Yankee-Einheit. Unterwegs kam er an einer kleinen Holzbude vorbei, aus der ein lautes, gurgelndes Geräusch, dem ein langer Seufzer folgte, zu hören war. Stan wandte sich an einen vorbeigehenden Yankee und fragte:

„Verzeih, Kamerad, was war das für ein seltsames Geräusch? Habt ihr irgendein Tier im Käfig?"

„Mister, das war eine Wasserspülung!"

„WCs an der Kampffront!" rief Stan mit gekränktem

Ausdruck, als sei der Ruf aller an irgendeiner Front kämpfenden Weißen in nicht wiedergutzumachender Weise besudelt worden. Als er dann noch einen amerikanischen Soldaten sah, der sich genußvoll Gelee auf eine Scheibe Brot strich, kehrte er wie vom Donner gerührt in sein australisches Lager zurück und murmelte zu einem Kameraden seiner Einheit: „Ich dachte, wir hätten eine Chance gegen die Japaner, nun bin ich mir nicht mehr sicher."[1]

Diese Episode illustriert treffend unsere Situation in den Gemeinden. Der Feind steht grimmig und entschlossen Gewehr bei Fuß, während wir es uns in der Etappe gemütlich und bequem machen und alle Chancen zum Sieg verspielen indem wir nach dem Motto leben: „Liebe dich selbst!"

Ich denke an die Begebenheit, als der Herr Jesus zum ersten Mal Seine Jünger um sich schart, um ihnen mitzuteilen, daß er leiden und sterben muß. Petrus, dem diese Zukunftsperspektive unerträglich erscheint, nimmt den Herrn beiseite und straft ihn mit den Worten: *„Gott behüte dich, Herr!"* Wie muß Petrus zusammengezuckt sein, als sein Meister ihm sagen muß: *„Weiche hinter mich, Satan! Du bist mir ein Ärgernis, denn du sinnest nicht auf das, was Gottes, sondern auf das, was der Menschen ist!"* Und dann spricht unser Herr die inhaltsschweren Worte:

„Wenn jemand mir nachkommen will, der verleugne sich selbst und nehme sein Kreuz auf und folge mir nach" (Matth. 16, 21-24).

In Joh. 12,25 sagt der Herr: *„Wer sein Leben liebt, wird es verlieren, und wer sein Leben in dieser Welt haßt, wird es* *zum ewigen Leben bewahren.“*

Daß in unserer Zeit Selbstliebe gepredigt werden kann, ohne daß die Christen empört protestieren, markiert deutlich unseren geistlichen Tiefstand. Gibt es stärkere Gegensätze als Selbstverleugnung und Selbstliebe?

Der Stellenwert der Sexualität

a) In der Welt

Daß man in der Welt heute unter Sexualität meist den Geschlechtstrieb versteht, der seine Befriedigung fordert, brauche ich nicht näher zu erläutern. Man stuft die Sexualität wie andere lebensnotwendige Bedürfnisse des Menschen ein und verbreitet die Meinung, daß Komplexe, Neurosen und Aggressionen entstehen, wenn dieser Trieb nicht befriedigt wird.

Die Alltagswirklichkeit hat schon längst bewiesen, daß diese Thesen folgenschwere Lügen sind. Die in den letzten Jahren sprunghaft gestiegenen Ehescheidungen, die vielen psychischen Störungen, die sexuellen Perversionen und Grausamkeiten beweisen, daß die „sexuelle Revolution" die Menschen nicht befreit, sondern betrogen und versklavt hat.

Georg Huntemann schildert in seinem Buch: „Aufstand der Schamlosen"[2] ein Bühnenstück, das 1971 unter dem Namen „Rattenjagd" im Wiener Volkstheater uraufgeführt wurde. Auf der Bühne ist eine Müllkippe zu sehen mit einem Schrottauto in der Mitte, dessen Motorhaube aufgeklappt ist. Die noch unversehrten Scheinwerfer sind zum Publikum gerichtet. Plötzlich begegnen sich auf der Bühne ein Mann, dessen Hobby „Rattenschießen" ist, und eine Frau. Obwohl sie sich bisher nie gesehen haben und nicht einmal die Namen voneinander kennen, vollziehen sie auf dem Benzintank einen Geschlechtsverkehr. Anschließend erscheinen auf der Bühne zwei Männer mit Gewehren und knallen die beiden ab. Zwei „Menschenratten" verenden auf dem Müllplatz.

Dieses Stück hat eine erschütternde Aussage und macht etwas von der Hoffnungslosigkeit und Verzweiflung des modernen Menschen deutlich. Die Welt gleicht einer Müllkippe. Nachdem alles ausprobiert wurde, bleiben nur noch die leeren Konservendosen, aber keine erfüllenden Ziele mehr übrig. Nur die sexuelle Lust ist noch da, in der Liebe keinen Platz hat, sondern nur noch eiskalte, egoistische Triebbefriedigung ihr Recht fordert. Nach einer kurzen Gefühlsaufwallung ist alles noch öder und leerer wie vorher und übrig bleibt nur noch Gewalt und Tod.

b) In der Christenheit

Unter den Christen findet man vor allem zwei extrem verschiedene Beurteilungen der Sexualität. Es gibt Christen die davon überzeugt sind, daß der eheliche Verkehr ausschließlich zum Kinderzeugen da ist und daß alles andere „Wollust" ist, die Gott nur als Zugeständnis für solche erlaubt, die sich nicht enthalten können. Diese extreme und unbiblische Position wird allerdings heute nur von sehr wenigen vertreten.

Mit der Bibel können wir eine solche Haltung nicht begründen.

„Deswegen wird ein Mensch seinen Vater und seine Mutter verlassen und seiner Frau anhangen, und die zwei

werden ein Fleisch sein. Dieses Geheimnis ist groß; ich aber sage es in Bezug auf Christus und auf die Gemeinde" (Eph. 5,31).

„Entziehet euch einander nicht, es sei denn nach Übereinkunft eine Zeitlang, auf daß ihr zum Beten Muße habet; und kommet wieder zusammen, auf daß der Satan euch nicht versuche wegen eurer Unenthaltsamkeit" (1. Kor. 7,5).

Der entgegengesetzte Standpunkt ist meiner Meinung nach heute viel alarmierender, weil er von der breiten Masse vertreten und in vielen Büchern und Zeitschriften propagiert wird. Dort wird die sexuelle Befriedigung in einer Art und Weise aufgewertet, daß jeder ledige Christ Depressionen bekommen müßte, weil ihm diese Erfahrungen versagt bleiben.

Nun möchte ich auf keinen Fall die Freude, die mit der sexuellen Erfüllung verbunden ist, abwerten, denn es handelt sich ja schließlich um ein Geschenk Gottes für die Ehepartner. Aber ich wehre mich entschieden gegen die Vorstellung, daß ein Leben ohne diese Erfüllung leer und fade sein muß.

Es gibt nur eine Freude, die völlig ausfüllt, wunschlos glücklich macht und absolut konkurrenzlos ist und das ist die Freude am und im Herrn, die Gemeinschaft mit Dem, der uns liebt und sich selbst für uns hingegeben hat. Und diese Freude steht für jeden zur Verfügung: für jung und alt, arm und reich, krank und gesund, verheiratet oder nicht verheiratet.

Jeder Christ, der diese Freude am Herrn nicht kennt, ist zu bedauern, weil ihm damit ein Maßstab für Freude und Glück fehlt. Kein Wunder, wenn man sich dann an zweit- oder drittrangige irdische Freuden hängt, die wir sicher auch dankbar aus der Hand Gottes annehmen und gebrauchen dürfen, die aber doch nicht mit dem Eigentlichen, das Gott für jedes Seiner Kinder aufbewahrt hat, verglichen werden können.

Paulus war nicht nur unverheiratet, sondern befand sich zudem in äußerst schlechten Umständen, als er aus dem Gefängnis in Rom – damals gab es noch keinen humanen Strafvollzug! – den Brief an die Philipper schrieb. Und doch gibt es keinen weiteren Brief im Neuen Testament, der so von Freude durchpulst ist und so oft von der Freude im Herrn redet. Der Grund dafür ist, daß Paulus sagen konnte: *„Das Leben ist für mich Christus"* (Phil. 1,21). Der Herr selbst war sein Lebensinhalt und seine Erfüllung. Er konnte sagen: *„Ich habe aber alles in Fülle und habe Überfluß"* (Phil. 4,18), weil er Christus hatte und deshalb waren die äußeren Umstände nicht so wichtig.

Wenn ich mich nicht irre, hat Eva von Thiele-Winkler einmal das schöne Wort geprägt: *„Wirkliche Freude ist unabhängig von äußeren Verhältnissen, denn sie hat ihre unversiegbare Quelle in Gott"*.

Ich bin völlig davon überzeugt, daß der alles entscheidende Mangel der Christen darin besteht, daß man aus eigener Erfahrung nicht weiß, was „Liebe zu dem Herrn Jesus" bedeutet; und deswegen ist auch so wenig von der Freude am Herrn und von der Hingabe an den Erlöser zu sehen.

Vor einigen Monaten war ich in Bielefeld auf der Hochzeit eines jungen Freundes. Es war eine sehr große, aber doch schlichte und geistliche Feier mit mehr als 500 Gästen. Nachdem die Trauung vorbei war, hatten die Gäste am Nachmittag Gelegenheit, die Feier durch kurze Beiträge, Lieder, Gedichte usw. zu gestalten. Mitten in diesem aufgelockerten Teil der Hochzeitsfeier stand plötzlich der frischvermählte Ehemann auf und gab eine Erfahrung weiter, die mich und alle Anwesenden tief beeindruckt hat.

Er erzählte, daß er vor Wochen auf dem Rückweg von einem Besuch bei seiner Braut war. Seine Gedanken wären allerdings nicht bei ihr gewesen, sondern er hätte sich über die Liebe seines Herrn gewundert und gefreut. Dabei hätte ihn das Bewußtsein, ein Kind Gottes sein zu dürfen, so erfüllt, daß er zum ersten Mal in seinem Leben vor Freude an seinem Heiland geweint habe. Noch des Nachts hätte er vor Freude darüber, daß der Herr ihm etwas von Seiner Größe und Herrlichkeit offenbarte, nicht einschlafen können. Und dann beendete er sein Zeugnis mit den Worten: „Ich bin heute auch glücklich und froh, aber diese Freude kann nicht verglichen werden mit der Freude an meinem Herrn!"

Wie armselig und verkrampft wird die Nachfolge Jesu, wenn sie nicht von dieser tiefen Dankbarkeit und Freude motiviert ist.

Hudson Taylor war schon jahrelang Missionar in China, als er einem Freund schrieb: *„Ich meine, das Dämmern eines neuen Tages wäre über mir hereingebrochen. Ich begrüße ihn mit Zittern, doch mit Vertrauen. Es scheint, ich sei nur zum Rand eines unendlichen Meeres gelangt, daß ich erst genippt hatte an dem, was doch völlig befrie-*

digt. Christus ist mir jetzt buchstäblich alles, die Kraft, die einzige Kraft zum Dienst, der einzige Grund für unwandelbare Freude. . . . Nicht ein Streben nach Glauben . . . sondern ein Wegschauen auf den Getreuen, das scheint alles zu sein, was wir brauchen, ein völliges Ruhen in dem Geliebten für Zeit und Ewigkeit.“[3]

Von diesem Tag an war Taylor ein glücklicher, froher Christ. Kummer und Sorgen bedrückten ihn nicht mehr wie vorher. Er warf alles bewußt auf Gott und nahm sich mehr Zeit zum Beten. Statt bis spät in die Nacht hinein zu arbeiten, begann er, früher ins Bett zu gehen, dafür aber um 5 Uhr aufzustehen, um zum Bibelstudium und Gebet mehr Zeit zu haben, bevor sein Tagewerk begann.

Nur dann, wenn unsere Gemeinschaft mit Gott ungetrübt ist und Er selbst unser Herz ausfüllt, werden wir der Sexualität den biblischen Stellenwert geben können.

„Ergötze dich an dem Herrn: so wird Er dir geben die Bitten deines Herzens“ (Ps. 37,5).

Zusammenfassend kann man sagen, daß die Bibel die Sexualität als eine Gabe Gottes an den Menschen bezeichnet, die er im Rahmen der Ehe zur gemeinsamen Freude verwirklichen darf.

„Die intimen Beziehungen bezwecken nicht nur die Zeugung der Nachkommen, sondern sind normalerweise die Folge einer glücklichen Geistes- und Herzensgemeinschaft, der Ausdruck eines harmonischen Einsseins nach Geist, Seele und Leib in gegenseitiger Achtung.

Darum brauchte ein Israelit, der kürzlich eine Frau geheiratet hatte, nicht in den Krieg ziehen. Er sollte seine Frau erfreuen (5. Mose 24,5) und durfte sich an ihr erfreuen (Spr. 5, 18-19).“[4] (J. Graf)

Der Kampf um die Reinheit

Wir haben festgestellt, daß Gott allein die Ehe als Rahmen bestimmt hat, in welchem die Sexualität zum Ausdruck kommen kann. Jeden Gebrauch der Sexualität außerhalb der Ehe nennt die Bibel Ehebruch, Hurerei, Unzucht oder Unsauberkeit.

Wenn wir davon ausgehen, daß im allgemeinen ein junger Mensch erst im Alter von 19 bis 25 Jahren in der Lage ist, die Verantwortung für eine Familie zu übernehmen, dann bedeutet diese Feststellung, daß ein junger Christ, der die Nachfolge Jesu ernst nimmt, etwa 6 – 12 Jahre vor der Ehe sexuell enthaltsam leben muß.

Diese für jeden Christen lebensentscheidenden Jahre sind eine Zeit der Anfechtung und Erprobung, eine Zeit, in welcher die Gleise für das weitere Leben gelegt werden. In diesen „stürmischen" Jahren wird er entweder zu einer Persönlichkeit heranreifen, die mit Gottes Hilfe gelernt hat, ein Überwinder zu sein, oder er wird ein von der Lust und Sünde Überwundener, dem wichtige Voraussetzungen fehlen, um im weiteren Leben für Gott und Menschen brauchbar zu sein. Die Wogen der Anfechtungen und Leidenschaften werden entweder bewirken, daß er sich an seinen Gott klammert, um bestehen zu können, oder er wird nachgeben und letzten Endes ein Spielball der Launen und Begierden werden.

Kein Wunder, daß der Teufel alles aufbietet, um junge Christen in dieser Zeit zu verführen und zu betrügen, damit sie für das weitere Leben als Jünger Jesu kampfunfähig werden.

Bevor David seinen Kampf gegen Goliath antrat, konnte er dem verzagten Saul bezeugen, daß er in der Verborgenheit der Wüste schon ganz andere Kämpfe ausgefochten hatte: *„Sowohl den Löwen als auch den Bären hat dein Knecht erschlagen, und dieser Philister, dieser Unbeschnittene, soll sein wie einer von ihnen“* (1. Sam. 17,36).

Dort in der Stille, von keinem Menschen gesehen, hatte David Erfahrungen mit Löwen und Bären, aber auch mit seinem Gott gemacht. Diese harte, aber gesegnete Schule Gottes befähigte ihn, dem Riesen Goliath, vor dem die Schlachtreihen Israels zitterten, gelassen und furchtlos entgegenzutreten.

Diese verborgenen Auseinandersetzungen mit Löwen und Bären gleichen den Kämpfen vieler junger Christen. Oft haben nicht einmal die Eltern und Geschwister eine Ahnung davon, wieviel Anfechtungen und Versuchungen auf den jungen Menschen einströmen, der manchmal in seiner Not nur noch zum Herrn um Hilfe schreien kann. Aber gerade in diesen Stürmen wird ein Charakter gebildet, der später einmal ganz anderen Mächten Widerstand leisten kann.

Der Kampf um Reinheit in der Jugendzeit ist mit großer Not, aber auch mit großem Segen verbunden.

Dem Volk Israel war befohlen, alle Erstlinge der Ernte und alles Erstgeborene unter den Tieren Gott zur Verfügung zu stellen. Ebenso steht jeder junge Christ vor der Wahl, seine besten Kräfte des Geistes, der Seele und des Leibes seinem Schöpfer und Retter zu weihen, in Seinen

Dienst zu stellen, oder aber eigennützig zu vergeuden.

„Ehre den Herrn von deinem Vermögen und von den Erstlingen all deines Ertrages, so werden deine Speicher sich füllen mit Überfluß und deine Kufen von Most überfließen“ (Spr. 3, 9-10).

Liegt hier die Ursache, warum das Leben vieler Christen so armselig, unfruchtbar und freudelos ist?

Ist unser Herr, der arm wurde, um uns reich zu machen, nicht wert, daß wir Ihm mehr anbieten als das, was nach Jahren der Selbstliebe übrigbleibt?

Die wohl bekannteste Popsängerin der 70er Jahre, Janis Joplin, nannte das Leben einen „Tanz ums goldene Schwein“ und bekannte: *„Lieber zehn Jahre in Saus und Braus leben, als siebzig Jahre alt werden.“* Sie war noch keine dreißig Jahre alt, als sie an einer Überdosis Heroin starb. Sie hinterließ etwas Bargeld, welches gemäß ihrem Testament von ihren Freunden auf einer Party in San Anselmo vertrunken wurde.

Jim Elliot war einundzwanzig Jahre alt, als er betete: *„Herr, zünde an den toten Reisighaufen meines Lebens, gib, daß ich aufflamme und für Dich verbrenne. Verzehre mein Leben, Herr, denn es ist Dein. Ich trachte nicht nach einem langen Leben, sondern nach einem erfüllten, gleich Dir, Herr Jesus.“*[5] Auch er war keine dreißig Jahre alt, als er von den Aucas in Ecuador ermordet wurde. Er hinterließ seine Tagebücher („Im Schatten des Allmächtigen“), die hunderte von jungen Menschen motiviert haben, ihr Leben in den Dienst Jesu zu stellen.

Was könnten wir Gott bringen, wenn Er uns heute in die Ewigkeit abrufen würde, und was würden wir den Menschen hinterlassen?

„O, gebt ihm nicht die welken Reste
der Kraft, an der die Lust gezehrt;
von allem bringt ihm nur das Beste,
noch eh` die Sünde es verheert!“

„Freundschaft“ mit dem anderen Geschlecht – ein Irrweg!

Leider ist es eine bekannte Tatsache, daß viele junge Christen dem Kampf um Reinheit und Enthaltsamkeit ausweichen, indem sie einen Freund oder eine Freundin suchen.

Nun redet die Bibel eindeutig von der Ehe, auch von der Verlobungszeit, aber das, was wir unter „Freundschaft“ oder „Verhältnis“ zwischen Jungen und Mädchen verstehen, kennt Gottes Wort nicht. Zu biblischen Zeiten war das vielleicht auch nicht solch ein großes Problem, denn die Geschlechter wuchsen im allgemeinen streng voneinander getrennt auf.

Heute sind die Verhältnisse anders, aber gerade deshalb möchte ich dringend vor solchen „Freundschaften“ warnen. Natürlich ist es verständlich, daß ein junger Mann sich verliebt und sich zu einem Mädchen hingezogen fühlt und umgekehrt ebenso. Ich unterstelle zunächst auch keine unsauberen Motive, wenn ein junger Christ eine solche Freundschaft sucht. Bei vielen ist damit auch eine Sehnsucht nach Geborgenheit, Zuwendung und Anerkennung verbunden, die im Elternhaus oft vermißt werden. Leider werden junge Christen oft durch die Atmosphäre im Elternhaus in ein solches Verhältnis getrieben, aber das ist fast ausnahmslos mit negativen Folgen verbunden.

Es wird wohl keine Freundschaft zwischen Jungen und

Mädchen geben, die nur darin besteht, daß man miteinander Halma spielt, sich unterhält und gemeinsam Eis essen geht. Irgendwann wird es zu der ersten körperlichen Berührung, zum ersten Kuß kommen und mit großer Wahrscheinlichkeit wird es dabei nicht bleiben, wenn beide gesund und normal entwickelt sind. Man betrügt sich selbst, wenn man glaubt, die Sexualität aus einem solchen Verhältnis ausschalten zu können.

Wie oft sind junge Pärchen im Alter von fünfzehn bis achtzehn Jahren zu mir gekommen mit den Worten: „Gott hat uns zusammengeführt!" Ohne diese frommen Vorzeichen wird wohl kaum eine Freundschaft zwischen jungen Christen begonnen haben. Ich leugne auch nicht, daß diese Worte ernst gemeint sind, aber wenn es irgend eine Zeit gibt, wo man fast unmöglich den Willen Gottes von eigenen Wünschen unterscheiden kann, dann in dieser Zeitspanne.

Ich habe dann meistens geantwortet: „Ihr täuscht euch, nicht Gott, sondern eure Gefühle haben euch zusammengeführt." Oder: „Wenn Gott euch wirklich füreinander bestimmt hat, dann wartet aufeinander und betet solange füreinander, bis ihr ein Alter erreicht habt, wo ihr euch öffentlich verloben könnt."

Allerdings bin ich mir darüber im klaren, daß diese Ratschläge in den Wind gesprochen sind. Die jungen Leute werden betonen, welch herrliche Gebetsgemeinschaft sie haben, wie sie gemeinsam dem Herrn dienen möchten usw. Mir bleibt dann nichts anderes übrig als zu sagen: „In zwei Jahren sprechen wir uns wieder!"

In den meisten Fällen bleibt dann ein tief enttäuschtes

und verletztes Mädchen auf der Strecke, oder es kommt nach Jahren zu einer Hochzeitsfeier, auf welche sich beide nicht besonders freuen können, weil sie die Achtung voreinander längst verloren haben.

Wenn ein junger Mann von sechzehn oder siebzehn Jahren tatsächlich davon überzeugt ist, daß Gott ihm eindeutig seine zukünftige Lebensgefährtin gezeigt hat, dann sollte er für sie beten und ansonsten getrost auf sie warten. Wenn *Gott* sie ihm bestimmt hat, wird keine Macht der Welt Gottes Plan ändern können. Und jedem jungen Mädchen möchte ich sagen: Wenn ein junger Mann mit den Worten auf dich zukommt: „Ich liebe dich", dann mußt du einfach damit rechnen, daß er damit möglicherweise ausdrückt: „Ich liebe *mich*, – und dazu brauche ich dich!" Bestenfalls wird er deinen Körper lieben, denn ein junger Mann, mag er noch so fromm reden, wird zunächst einmal Liebe mit Sexualität verwechseln und wird im Laufe der Jahre erst einmal lernen müssen, was Liebe ist und beinhaltet.

Solche Freundschaften, die oft nach wenigen Monaten aufgelöst werden, hinterlassen meistens – besonders bei Mädchen – Narben für das ganze Leben. Gleichzeitig werden Hemmschwellen abgebaut, die Gott uns als Schutz und Bewahrung gegeben hat, um uns – wie bei einer Ampel – davor zu bewahren, bei „rot" über die Kreuzung zu fahren.

Kein ernsthafter Christ wird sich eine Ehefrau wünschen, die vorher schon durch die Hände verschiedener Männer gegangen ist. Darf die Frau nicht denselben Anspruch an ihren zukünftigen Mann stellen?

Aber es bleiben nicht nur Narben und zerbrochene Schutzmauern zurück, sondern in vielen Fällen ein Jünger Jesu, dem das geistliche Rückgrat angebrochen ist, der seine „erste Liebe“ verlassen hat und der dem Feind eine breite Angriffsfront bietet. Wenn Gott nicht eine tiefe und gründliche Buße wirken kann, wird er als Frontkämpfer im Reich Gottes nicht mehr einsatzfähig sein.

Selbstbefriedigung – eine Sackgasse!

Die Tatsache, daß man das Problem der Selbstbefriedigung weithin verdrängt und nur vereinzelt aufgreift, hat seine bestimmten Gründe. Wer es heute wagt, Selbstbefriedigung klipp und klar „Sünde“ zu nennen, wird einen Sturm der Entrüstung auslösen oder sich der Lächerlichkeit preisgeben. Leider mehren sich auch in evangelikalen Kreisen die Stimmen, welche behaupten, daß Selbstbefriedigung etwas Normales sei und daß es sich dabei um eine „spielerische Durchgangsstufe der pubertierenden Jugend“ handle.

Ein weiterer Grund des seltsamen Schweigens liegt sicher auch in einer gewissen Hilflosigkeit, wie man dieses Problem (etwa 90% aller jungen Männer sollen angeblich darunter leiden) lösen könnte.

Selbstbefriedigung nennt man das geschlechtliche Lusterlebnis, das durch absichtliche Reizung der eigenen Geschlechtsorgane bewirkt wird. In der Fachsprache redet man meist von „Masturbation“ und ansonsten verwendet man auch den Begriff „Onanie“, der irreführenderweise von Onan (1. Mose 38, 8-10) abgeleitet ist; doch die Sünde Onans hatte nichts mit Selbstbefriedigung zu tun, sondern mit der Verweigerung, seinem verstorbenen Bruder Nachkommen zu zeugen.

Die meisten Jungen geraten mit dem geschlechtlichen Erwachen, oft durch Verführung älterer Kameraden, in die Selbstbefriedigung. Hier wirkt sich die leider auch heute noch mangelhafte oder völlig fehlende Aufklärung durch die Eltern besonders tragisch aus. Fast alle jungen Männer, die über dieses Problem mit mir gesprochen haben, waren zum Zeitpunkt der Verführung nicht aufgeklärt. Die meisten glaubten, daß die Selbstbefriedigung einfach als „Ventil" körperlich notwendig sei und wußten nichts von der natürlichen Entspannung durch die meist nächtliche, unwillkürliche „Pollution".

Andere wurden nicht angeleitet, auf Hygiene zu achten und sind durch Entzündungen mit quälendem Juckreiz an den Geschlechtsorganen zur Selbstbefriedigung geführt worden.

Ich denke aber auch an einen jungen Mann, der jahrelang unter schweren Gewissensbissen litt, weil er die „Pollution" für Selbstbefriedigung hielt. Wie befreit atmete er auf, als ich ihm erklärte, daß seine vermeintliche Sünde in Wirklichkeit der Beweis eines gesunden, normal reagierenden Körpers war.

Diese Beispiele zeigen, daß in vielen Fällen eine altersgemäße, sachliche Aufklärung durch die Eltern viele Probleme und Konflikte verhindern könnte.

In der Bibel finden wir keine direkten Aussagen zu dem Problem der Selbstbefriedigung, man könnte diese Sünde höchstens mit „Unsauberkeit" (Kol. 3,5) bezeichnen. Bei der Selbstbefriedigung handelt es sich um den *Mißbrauch* der Sexualität zur eigenen Befriedigung. Deshalb bleibt nach der Selbstbefriedigung auch keine Zufriedenheit, sondern eine tiefe Niedergeschlagenheit und Leere, und in vielen Fällen ein schlechtes Gewissen zurück.

„Onanie ist ein Laster, weil sie gegen das Gesetz der

gegenseitigen Zuordnung im geschlechtlichen Leben verstößt. Es ist auch eine Sünde gegen die Gemeinschaft. Die Onanie ist geschlechtliche Betätigung ohne die Möglichkeit der Liebe. Sie stärkt daher in einem Menschen die Neigung, sein Leben für sich selbst zu leben, statt es als eine Gabe anzusehen, die er für andere Menschen benutzen soll."[6] (O. Piper)

Sehr aufschlußreich scheint mir die Tatsache, daß auch junge Männer, die nicht nach christlichen Maßstäben erzogen worden sind, Schuldgefühle nach der Selbstbefriedigung haben.

Ich erinnere mich an einen jungen Mann, der in einer völlig ungläubigen Umgebung aufwuchs und mit etwa neunzehn Jahren zum Glauben kam. Er suchte nach einer Evangelisationsstunde eine Aussprache und beklagte sich über sein labiles Glaubensleben. Als ich ihn bei der Suche nach den Ursachen auf die Selbstbefriedigung ansprach, erschrak er und fragte: „Ist das Sünde?"

Nachdem ich bejahte, meinte er nachdenklich: „Eigenartig, alle Leute – auch der Pfarrer und Jugendleiter – haben mir immer gesagt, daß es keine Sünde sei und doch habe ich es stets so empfunden."

Die Folgen

Wenn man den Fachleuten glauben kann, sind die schädigenden Folgen nicht so sehr im körperlichen, sondern im seelischen Bereich festzustellen. Mein Eindruck ist, daß sich die Selbstbefriedigung besonders bei sensiblen Personen wie ein Bann auswirken kann. Sie sehnen sich davon loszukommen, aber je mehr sie gegen den Trieb ankämpfen, umso stärker wird die Gebundenheit. Die laufenden Niederlagen, die Mutlosigkeit, Einsamkeit und Verzweiflung bereiten jedoch die nächste Befriedigung vor, sodaß der Betroffene sich in einem entsetzlichen Teufelskreis befindet, aus dem es keinen Ausweg zu geben scheint. Die andauernde Beschäftigung mit sich selbst führt einen Menschen zwangsläufig dazu, daß er nicht mehr frei ist für die Nöte und Aufgaben um ihn her.

Viele werden völlig kraftlos, sich auf irgendeine Weise für den Herrn einzusetzen und manche geben die Nachfolge Jesu auf, weil sie durch die vielen Niederlagen und Selbstanklagen unfähig geworden sind, für Gott und den Nächsten da zu sein.

Ich werde nicht vergessen, wie ich vor Jahren einen Brief von einem Mitarbeiter bekam, der als Überschrift den bekannten Satz trug: *„Sei ganz Sein – oder laß es ganz sein!“* Und dann folgte der erschütternde Satz: „Ich habe mich dafür entschieden, es ganz sein zu lassen, weil ich durch die vielen Niederlagen zu der Überzeugung gekommen bin, daß die Nachfolge Jesu nur für besonders charakterstarke Persönlichkeiten möglich ist."

Oft sind junge Christen, die in einem christlichen, behüteten Elternhaus aufgewachsen und daher vor manchen ‚groben' Sünden bewahrt geblieben sind, durch die Gebundenheit an die Selbstbefriedigung zur Erkenntnis ihrer völligen Verdorbenheit gekommen und haben mit Römer 7,15+24 nach Befreiung geschrieen: „. . . *denn nicht was ich will, das tue ich, sondern was ich hasse, das übe ich aus." „Ich elender Mensch! Wer wird mich retten von diesem Leibe des Todes?"*

Mit Erlaubnis des Verfassers möchte ich hier einen Briefauszug weitergeben, der sehr eindrücklich die Nöte und Konflikte eines jungen Christen deutlich macht:

„Ich möchte mich zunächst kurz vorstellen: Ich bin Student und komme aus einem gläubigen Elternhaus. Bislang hatte ich noch keine Freundin aus Angst, daß ich mit ihr dann auch engeren Kontakt bekommen würde, d.h. körperlichen Gefühlen nachgehen würde. Da ich es aber leider nicht schaffe, meinen Geschlechtstrieb zu bekämpfen, wählte ich das kleinere Übel, die Selbstbefriedigung. Manchmal schaffe ich es, zwei, drei Wochen auszuhalten. Doch dann überkommt es mich und ich fühle mich wie ein ganz mieser Kerl. Manchmal schaffe ich es nicht einmal eine Woche. Trotz allem versuche ich es aber immer wieder von neuem mit dem Herrn. Ich bete um Vergebung meiner Schuld und mache einen neuen Anfang. So geht das nun schon einige Jahre. Auch bei mir weiß es niemand, nicht mal meinen Eltern wage ich es zu sagen. Mit anderen Per-

sonen, die ich kenne, spreche ich nicht, weil sie meine Situation doch nicht verstehen werden.

Verzeihen Sie mir, wenn ich Ihnen so unüberlegt schreibe. Aber ich habe jetzt irgendwie die Nase voll und ich möchte es abschütteln. Während meines Studiums habe ich von Gott so oft Hilfe und Trost durch Sein Wort erhalten, daß ich es Ihm einfach nicht mehr zumuten kann, mit so ‚Einem' ständig umzugehen.

Ich empfinde diese ganze Handlung irgendwie als eine schwere Schranke, die sich ständig zwischen Gott und mir schließt. Teilweise führt dieser Zustand zu tiefen depressiven Phasen oder auch Minderwertigkeitskomplexen. Dadurch kann ich natürlich nicht so von Gott reden, wie ich es gerne möchte.

Was kann ich tun, damit ich mir selber nicht mehr als Dreck vorkomme?

Ich wäre Ihnen für Ihren Rat und Zuspruch sehr dankbar."

Ganz anders wie dieser aufrichtige, verzweifelt kämpfende Christ werden oberflächlichere Naturen mit diesem Problem fertig. Sie glauben, daß sich die Selbstbefriedigung mit der Heirat von selbst erledigen wird. Dagegen spricht allerdings die Tatsache, daß manche Ehemänner nach wie vor an diese Sünde gebunden sind und noch größere Schwierigkeiten haben. Dazu kommt noch, daß jeder, der verheiratet ist, auch für den Ehepartner Verantwortung trägt und so nicht nur persönlich und vor Gott, sondern auch an dem Ehepartner schuldig wird. Selbstbefriedigung innerhalb der Ehe ist eine Umkehrung dessen, wozu Gott die Sexualität geschaffen hat.

Wer in der Jugendzeit nicht lernt, enthaltsam zu leben und mit Gottes Hilfe Herr über seine Triebe zu werden, dem fehlt eine wichtige Voraussetzung, um in der Ehe verantwortungsbewußt mit der Sexualität umzugehen. Auch in der Ehe gibt es Zeiten, wo Enthaltsamkeit gefordert wird. Wenn der Mann das nicht in jungen Jahren gelernt hat, ist die Gefahr sehr groß, daß er in solchen Situationen in Hurerei oder Ehebruch fällt.

Nichts zahlt sich im späteren Leben so segensreich aus, wie eine auch auf sexuellem Gebiet reine Jugend.

Eine „Erste Hilfe“

Lieber . . . !

Habe herzlichen Dank für Deinen Brief, der mich ziemlich bewegt hat. Ich danke Dir auch für Deine Offenheit, mit der Du Deine Nöte und Fragen geschrieben hast.

Ich möchte versuchen, Dir einige Hilfen zu geben, auch wenn mir bewußt ist, daß man das Problem der Selbstbefriedigung nicht auf einigen Seiten Papier lösen kann. Das Beste wäre, wenn Du ein persönliches Gespräch mit einem geistlichen, erfahrenen Bruder führen könntest, der fähig ist, Dir seelsorgerlich zu helfen.

Aber auch die Tatsache, daß Du mir Deine Probleme anvertraut hast, ist schon ein Stück Befreiung. Der Teufel würde sehr gerne weiterhin dieses dunkle Geheimnis alleine mit Dir teilen und sieht mit Sicherheit nicht gerne, daß durch Dein „Geständnis“ Licht in diese Sache fällt. Nun einige Ratschläge für Deine Situation, die sicher kein „Allheilmittel“, aber hoffentlich doch eine kleine „Erste Hilfe“ sein können.

Sexualität ist eine Gabe Gottes

Mir macht es etwas Sorge, daß Du Deinen Geschlechtstrieb als einen Feind ansiehst, den Du bekämpfen mußt und ich fürchte, daß hier eine Schwierigkeit liegt, mit der viele junge Männer aus gläubigen Elternhäusern Probleme haben. Die Sexualität ist nicht ein etwas fragwürdiges, vielleicht notwendiges Übel, sondern eine Gabe, die Dein Schöpfer in Deinen Körper hineingelegt hat. Gott hat Dir damit etwas anvertraut, mit dem Du verantwortungsbewußt umgehen sollst.

„*Gott hat den Geschlechtstrieb zu unserer Freude geschaffen und um Mann und Frau in gegenseitiger Liebe und Treue ein Leben lang aneinander zu binden. Er wurde geschaffen, damit glückliche Familien gegründet und geliebte Kinder gezeugt würden.*“[7] (John R. Rice)

Erst dann, wenn wir die Sexualität mißbrauchen, wird uns der Geschlechtstrieb in Sünde und große Not stürzen.

Du mußt kein Sklave der Lust sein!

Gott, der Dir den Geschlechtstrieb gegeben hat, verlangt nicht etwas Unmögliches von Dir, wenn Er Enthaltsamkeit vor der Ehe erwartet. Er hat Dir auch die Fähigkeit gegeben, die Sexualität zu beherrschen, auch wenn das bei all der Reizüberflutung in der heutigen Zeit nicht einfach ist.

Es geht also nicht darum, gegen den Geschlechtstrieb anzukämpfen, sondern zu lernen, ihn mit Gottes Hilfe zu beherrschen.

Deine Kämpfe sind nicht ungewöhnlich

Jeder normale, gesunde junge Mann hat Probleme mit seiner Geschlechtlichkeit. Denke bloß nicht, Du wärest krank, abnorm oder sonst etwas, nur weil Dein Geschlechtstrieb sich stark bemerkbar macht.

Selbstbefriedigung ist Sünde!

Der starke Geschlechtstrieb gibt Dir jedoch nicht das Recht, die Sexualität zu Deiner eigenen Befriedigung zu mißbrauchen. Du hast selbst erkannt, daß damit keine Befriedigung verbunden ist, sondern daß sie eine Schranke in Deiner Beziehung zu Gott aufrichtet.

Selbstbefriedigung belastet aber nicht nur Dein Verhältnis zu Gott, sondern wirkt sich auch im praktischen Leben negativ aus, indem sie die Basis zu einer egoistischen Lebensweise verfestigt.

Die Psychologen lügen, wenn sie lehren, daß Onanie „eine erfreuliche und spannende Freizeitbeschäftigung ist" und daß „Jugendliche, die früh mit der Onanie beginnen, ihre Potenz länger behalten als die, die später damit anfangen."[8]

Eine richtig motivierte Enthaltsamkeit hat noch nie weder dem Körper, noch der Seele geschadet, – ganz im Gegenteil! Höchstleistungen im Sport, in der Kunst, im Bereich des Denkens und erst recht in der Nachfolge Jesu sind ohne Enthaltsamkeit nicht denkbar.

„Jeder aber, der kämpft, ist enthaltsam in allem, jene freilich, auf daß sie eine vergängliche Krone empfangen, wir aber eine unvergängliche" (1. Kor. 9,25).

Der bekannte Naturwissenschaftler A. E. Wilder Smith

schreibt zu dieser Frage:

„Jedes Volk geht rapide zugrunde, das keine Enthaltsamkeit schlechthin kennt, und das sofort gleich alles, auch Sex, genießen muß. Ein Volk, das auf das Genießen schlechthin (also nicht nur von Geschlecht) nicht verzichten kann, wird keine gespeicherte, sublimierte Energie für Höchstleistungen auf Vorrat haben."[9]

Konzentriere Dich nicht auf den Kampf gegen die Selbstbefriedigung!

Die Not und der Kampf mit der Selbstbefriedigung kann Dich dahin führen, daß Du nur noch mit Dir selbst und mit Deinen Problemen beschäftigt bist. Die Konzentration darauf macht das Problem nur noch größer. Der Teufel versucht zunächst die Sünde zu verharmlosen, wenn sie aber geschehen ist, vergrößert er die Schuld so, daß wir daran verzweifeln können.

Blicke auf Jesus!

Die beste Medizin für alle „Krankheiten" unseres Glaubenslebens ist, auf Jesus Christus ausgerichtet zu sein. Wenn Er Mittelpunkt unseres Lebens geworden ist, nehmen wir uns mit unseren Problemen nicht mehr so wichtig und bekommen im Anschauen Seiner Herrlichkeit Kraft zum Überwinden.

„Laßt auch uns, indem wir jede Bürde und die leicht umstrickende Sünde ablegen, mit Ausharren laufen den vor

uns liegenden Wettlauf, hinschauend auf Jesum, den Anfänger und Vollender des Glaubens" (Hebr. 12,1-2).

„Wir alle aber, mit aufgedecktem Angesicht die Herrlichkeit des Herrn anschauend, werden verwandelt nach demselben Bilde von Herrlichkeit zu Herrlichkeit, als durch den Herrn, den Geist" (2. Kor. 3,18).

Wer auf sich selbst konzentriert ist, wird entweder hochmütig oder depressiv. Möge Gott uns vor beidem bewahren. Bete ernsthaft darum, daß Gott Dir etwas von der Herrlichkeit des Herrn Jesus offenbart.

Sünden bekennen

Scheue Dich nicht, immer wieder mit Deiner Schuld zum Herrn zu gehen. Ich weiß, daß Du manchmal denkst, Du würdest Gott beleidigen, wenn Du immer wieder mit derselben Sünde zu Ihm kommst. Gott, der uns befiehlt, unserem Bruder siebzig mal siebenmal zu vergeben, wird uns die Vergebung nicht versagen, wenn wir nach dem hundertsten Mal aufrichtig mit dem Bekenntnis unserer Sünde zu Ihm kommen.

„Wenn wir unsere Sünden bekennen, so ist er treu und gerecht, daß er uns die Sünden vergibt und uns reinigt von aller Ungerechtigkeit" (1. Joh. 1,9).

Wenn wir an der Vergebung zweifeln, beleidigen wir den Herrn!

Kleine Schritte

Mache keine großartigen Versprechungen. Sage nicht: „Herr, ab heute werde ich nie wieder diese Sünde begehen!“ sondern versuche mit Gottes Hilfe immer nur einen Tag lang treu zu sein. Wir sind ganz abhängig von Ihm und nur in dieser Abhängigkeit werden wir Sieg haben.

Meide allen Schmutz

Hiob hatte mit seinen Augen einen Bund gemacht (Hiob 31,1). Wenn Du glaubst, ohne Schaden gewisse Illustrierte oder sonstige pornographische Literatur durchblättern zu können, dann ist Dein nächster Rückfall schon sicher. Diese Bilder saugen sich in Dein Gedächtnis hinein und prägen Dein Unterbewußtsein. Der Teufel versteht es, zu seiner Zeit die entsprechenden Bilder aus der Erinnerung zu ziehen und die Phantasie damit zu beschäftigen.

Meide deswegen konsequent alle Orte und Situationen, wo Du mit einer massiven Anfechtung rechnen mußt.

Kaufe die Zeit aus

Erlaube Dir keine Langeweile und gebe Dir keine Gelegenheit zum Phantasieren. Stehe zeitig auf und speise Deinen Geist mit Gottes Wort. Es wird Dich reinigen und vor Schmutz bewahren.

„Wodurch wird ein junger Mann seinen Pfad in Reinheit

wandeln? Indem er sich bewahrt nach deinem Worte" (Ps. 119,9).

Nutze Deine freie Zeit, um neben dem Bibelstudium gute Biographien und sonstige wertvolle Bücher zu lesen. Gute Literatur wird Dein Leben positiv prägen und gute Spuren hinterlassen.

Versuche auch für den Herrn zu arbeiten. Bete gezielt für Menschen in Deiner Umgebung, daß sie zum Herrn finden und suche Gelegenheiten, ihnen das Evangelium weiterzusagen. Nur der Herr selbst und Erfahrungen mit Ihm schenken echte Erfüllung und Freude.

Sorge für körperlichen Ausgleich

Ich glaube nicht daran, daß Selbstkasteiung oder Leistungssport gegen die Selbstbefriedigung helfen. Ich kenne manche, die trotz kalter Duschen und regelmäßiger Waldläufe nach wie vor Probleme damit haben.

Der Ausgleich durch Sport oder körperliche Arbeit ist aber für unsere Gesundheit und unser seelisches Gleichgewicht von großer Bedeutung.

Von Spurgeon stammt der weise Satz:

„Ein kräftiger Schluck Seeluft oder ein tüchtiger Spaziergang im Wind füllt zwar nicht die Seele mit Gnade, aber doch unseren Körper mit Sauerstoff, was das nächstbeste ist."[10]

Ein allgemein schlechter Gesundheitszustand kann sich auch auf die Seele negativ auswirken und zu einer passiven, träumenden Lebenshaltung führen, die das

Überwinden schwer macht.

Suche Gemeinschaft mit Christen

Gemeinschaft mit Glaubensgeschwistern ist eine Grundvoraussetzung für geistliches Wachstum. Suche Gemeinschaft mit Christen, die den Herrn lieben und Gottes Wort ernst nehmen. Sicher wird Dir Gott unter den Brüdern einen zeigen, mit dem Du auch über Deine Probleme reden kannst und der bereit ist, mit Dir regelmäßig um Befreiung zu beten.

Erfreue Dich der Liebe Gottes

Vor allem aber wünsche ich Dir, daß Du Dich in der Liebe Gottes sonnst. Mache Dir immer wieder bewußt, welch einen Preis Gott für Deine Rettung bezahlt hat, damit Deine Liebe im Anschauen Seiner Liebe wächst. Du wirst dann in Deinen Augen nicht mehr ein Stück „Dreck" sein, sondern Dich als ein Gegenstand der Liebe Gottes sehen.

„Sehet, welch eine Liebe uns der Vater gegeben hat, daß wir Kinder Gottes heißen sollen!" (1. Joh. 3,1)

Der gesegnete Erweckungsprediger George Whitefield (1714-1770) hat schon zu Lebzeiten seine eigene Leichenpredigt gehalten. In diesen Abschiedsworten befahl er seine Freunde der schützenden Liebe Gottes:

„Wenn wir durch die Wälder Amerikas reisen, müssen wir nachts ein Feuer anzünden; das hält die wilden Tiere von uns ab. Nachts bin ich oft aufgestanden und sagte zu meinen Begleitern – und Gott verhüte, daß ich je auch nur eine Viertelstunde mit jemandem reise, ohne etwas von Jesus zu sagen – : Dieses Feuer gleicht dem Feuer der Liebe Gottes, das den Teufel und unsere eigenen Lüste davon abhält, unseren Seelen zu schaden . . .“[11]

Halte dieses Feuer der Liebe Gottes in Deinem Herzen brennend. Schütze und nähre es. Es wird Dir die beste Hilfe sein, ein frohes, siegreiches Leben in der Nachfolge Jesu zu führen.

In Seiner Liebe verbunden

Dein Wolfgang

Disziplin

Das lat. Wort „Disziplin“ ist uns aus der Sportwelt bekannt und bedeutet soviel wie „Zucht“ und „Ordnung“. Ein disziplinierter Sportler unterwirft sich freiwillig Regeln und Ordnungen, die ihn zwar einschränken, aber letzten Endes kräftigen, schützen und bewahren.

Nun ist es nicht schwer festzustellen, daß die „antiautoritäre“ Erziehung der letzten Jahre es dem jungen Menschen fast unmöglich gemacht hat, diszipliniert zu leben. Die Folge davon ist Maßlosigkeit und ein Mangel an Konzentration im Denken, Reden und Handeln. Man ißt und trinkt maßlos, man denkt und redet unbeherrscht, Pflichten werden auf die lange Bank geschoben, egoistische Bedürfnisse dagegen müssen sofort gestillt werden. Ich bin davon überzeugt, daß diese aus der fehlenden Gottesfurcht entstehende Zuchtlosigkeit eine Hauptursache allen geistlichen Verfalls ist.

In 2. Sam. 11 finden wir eine sehr aktuelle Geschichte, die uns eine treffende Illustration für die Gefahren eines undisziplinierten Lebens liefert. Diese Begebenheit aus dem Leben Davids ist auch deswegen sehr wichtig, weil sie anregt, über Umgangsformen junger Christen nachzudenken.

Zuerst lesen wir von einer Jahreszeit in der es üblich war, daß die Könige in den Krieg zogen. Damals war es wohl die Frühlingszeit und heute sollte es die Jugendzeit sein, in der jeder Christ zum Kampf gegen die Sünde und für das Evangelium unseres Herrn Jesus ausziehen sollte. Einsatz für den Herrn ist das beste Bewahrungsmittel! Wenn die Schwerter klirren und die Pfeile um die Ohren fliegen, erlaubt man sich keine Minute der Unwachsamkeit, sondern konzentriert alle Kräfte und Sinne auf den Kampf. Den Feind vor Augen, hat man keine Zeit und kein Interesse für irgendwelche Spielereien.

Aber während der Heeroberste Joab mit den Helden Davids die Stadt Rabba belagert, lesen wir von David, daß er in Jerusalem blieb und bis zur Abendzeit auf seinem Lager lag. Es ist kaum zu fassen: der Mann, der in den früheren Zeiten der Verfolgung sagen konnte: *„Meine Augen sind den Nachtwachen zuvorgekommen, um zu sinnen über dein Wort“* (Ps. 119,148), der bisher immer an der Spitze seines Heeres stand, dieser Mann liegt gähnend und träumend auf seinem Bett!

Jeder Rückfall beginnt mit der Vernachlässigung der Stillen Zeit. Haben wir am frühen Morgen Gottes Wort vor Augen, dann können wir gestärkt und getrost den Versuchungen und Anfechtungen entgegensehen, die uns im Laufe des Tages begegnen werden. Watchman Nee hat einmal etwas herausfordernd geschrieben:

„Das kränkliche Christenleben, welches heute unter Gotteskindern vorherrscht, ist weniger auf schwerwiegende geistliche Probleme zurückzuführen, als auf die Tatsache, daß morgens zu spät aufgestanden wird. Ich kenne niemand, der dem Herrn nahe ist, der spät aufsteht.“[12]

Möge Gott bewirken, daß wir es uns zu einer eisernen Gewohnheit machen, den Arbeitstag nicht zu beginnen, ohne vorher Stille Zeit mit dem Herrn gehalten zu haben. Viele Probleme werden sich dann von selbst lösen.

Ich bin ziemlich überzeugt: wenn jeder von uns für eine Stunde Stille Zeit am frühen Morgen 100.-DM erhalten würde, dann wären wir in kurzer Zeit alle sehr disziplinierte Frühaufsteher. Aber der geistliche Segen scheint uns nicht so bedeutungsvoll zu sein, sodaß wir den Schlaf mehr lieben als die Gemeinschaft mit dem Herrn. Die Folgen davon sind verheerend:

„Ein wenig Schlaf, ein wenig Schlummer, ein wenig Händefalten, um auszuruhen: und deine Armut wird kommen wie ein rüstig Zuschreitender, und deine Not wie ein gewappneter Mann“ (Spr. 6,10-11).

David nimmt nur *einmal* Urlaub vom Kampf, versäumt nur *einmal* seine Stille Zeit und schon hat er sich zum Freiwild des Teufels gemacht. Seine Augen sehen plötzlich etwas, das er im Kampfgetümmel an der Front niemals beachtet hätte: eine sich badende Frau. Langeweile und Trägheit sind ein idealer Nährboden für sexuelle Sünden.

Nun hat diese Geschichte aber auch eine Kehrseite: da badet Bathseba, eine Frau aus dem Volk Gottes, an einem Ort, wo sie von dem König gesehen und beobachtet werden kann. Ob das rein zufällig, völlig unbeabsichtigt war?

Unter Nichtchristen ist es selbstverständlich, wenn Mädchen und Frauen sich so kleiden, daß sie die Blicke und Begierden der Männer auf sich ziehen. Leider scheint es inzwischen unter Gläubigen nicht viel anders zu sein. Vielleicht ist das Unwissenheit, vielleicht aber auch uneingestandene Absicht.

Schwestern können durch ihre Kleidung und durch ihr Auftreten den jungen und älteren Männern eine große Hilfe im Kampf um die Reinheit sein. Aber wie oft hat in christlichen Kreisen eine Bathseba durch ihre aufreizende Kleidung einen David zu Fall gebracht! Wie oft schleudern junge Mädchen durch ihre leichtsinnige, hautenge Kleidung Brandpfeile in die Phantasie der jungen Männer und vergiften deren Gedankenwelt!

„Und David sandte Boten hin und ließ sie holen; und sie kam zu ihm, und er lag bei ihr."

Offensichtlich hatte Bathseba keine Hemmschwellen zu überwinden und wehrte sich auch nicht, als David sie zum Ehebruch aufforderte.

Die heute weithin fehlende äußere Distanz, der unbekümmerte Körperkontakt und die lockeren Umgangsformen unter jungen Christen bauen Hemmschwellen ab und verführen zur Sünde. Viele junge und ältere Evangelisten sind auf diese plumpen Verführungsmethoden des Teufels hereingefallen und für ihr weiteres Leben untauglich geworden.

Zinzendorf, der Gründer der Herrnhuter Brüdergemeinde, die der Ausgangspunkt einer großen Erweckung und Pioniermission war, hat aus notvoller Lebenserfahrung allen ledigen Brüdern auf dem Missionsfeld befohlen, auch in seelsorgerlichen Fragen „sich weibliche Personen so weit wie möglich vom Halse zu halten."

Es geht hier nicht um eine muffige Enge, sondern um den fairen Umgang miteinander in einer sauberen Atmosphäre, die nicht von sexueller Stimulation, sondern vom Geist Gottes geprägt ist.

Ist es Gottes Wille, daß ich heirate?

In unserer Zeit ist es unter Christen selbstverständlich, daß ein junger Mann in einem bestimmten Alter heiratet. Nähert er sich der Altersgrenze von dreißig Jahren, ohne verlobt zu sein, muß er damit rechnen, daß entweder hinter seinem Rücken getuschelt wird oder gewisse besorgte Geschwister heimlich Pläne schmieden, um Abhilfe zu schaffen.

Bis heute habe ich noch keine Predigt über 1. Kor. 7 gehört, oder über das Thema „Die Vorzüge des ledigen Standes". Es ist einfach selbstverständlich, daß man sich in einem gewissen Alter unter den Töchtern des Landes umsieht und sich den Kopf zerbricht, welche wohl die Richtige sein könnte.

Wenn wir aber die Nachfolge Jesu ernst nehmen, müssen wir uns auch ernsthaft mit der Frage auseinandersetzen, ob es Gottes Wille ist, daß wir heiraten, oder nicht.

1. Kor. 7 zeigt eindeutig, daß die Ehe gut und richtig ist. Es gibt nur einen Grund, nicht zu heiraten: *„Der Unverheiratete ist für die Dinge des Herrn besorgt, wie er dem Herrn gefallen möge"* (1.Kor.7,32). In Vers 35 spricht Paulus vom „ungeteilten Anhangen an den Herrn". Darum geht es. Der Unverheiratete kann seine Zeit und Kraft ungeteilt dem Herrn und Seinem Werk weihen, während der Verheiratete einen Teil seiner Zeit und Kräfte für die Familie einzusetzen hat.

Es kann also nicht darum gehen, daß ein junger Mann

aus egoistischen Gründen beschließt, ledig zu bleiben, um sich vor Verantwortung zu drücken und uneingeschränkt für sich selbst leben zu können. Nein, es geht um das ungeteilte Anhangen an dem Herrn.

Diese wichtigen Fragen werden in 1. Kor. 7 unter dem Gesichtspunkt der kurzen Zeit unseres Lebens und der nahen Wiederkunft unseres Herrn behandelt. Angesichts dieser wichtigen Tatsachen sollte die Frage der Heirat unter Gebet entschieden werden.

Die Voraussetzungen für den Verzicht auf die Ehe werden deutlich genannt: *„Wer aber im Herzen feststeht und keine Not, sondern Gewalt hat über seinen eigenen Willen und dies in seinem Herzen beschlossen hat . . .“*

Derjenige also, der in der Schule Gottes Enthaltsamkeit und Selbstbeherrschung gelernt hat, sollte vor dem Herrn erwägen, ob es grundsätzlich Gottes Wille für sein Leben ist, zu heiraten, oder um des Herrn willen ledig zu bleiben.

Allen anderen sagt die Schrift sehr nüchtern: „es ist besser, zu heiraten, als Brunst zu leiden“ und „um der Hurerei willen habe jeder seine eigene Frau.“

Sicher wird es in der heutigen Zeit nicht einfach sein, als Unverheirateter für den Herrn zu leben, und es gibt auch Aufgaben im Werk des Herrn, die besser von Verheirateten durchgeführt werden können. Dennoch gibt es aus der Kirchengeschichte viele Beispiele von Männern und Frauen, die bewußt auf die Ehe verzichtet haben, um ungeteilt dem Herrn dienen zu können.

Männer wie Gottfried Daniel Krummacher, Alfred Christlieb, Samuel Hebich, Sören Kierkegaard und nicht zuletzt John Nelson Darby haben auf die Ehe verzichtet, weil sie Gottes Weg darin gesehen haben. Aus unserer Sicht hätte z.B. das Lebenswerk Darbys nicht von einem Familienvater bewältigt werden können.

Mich bedrückt es jedesmal wenn ich Schwestern treffe, die um jeden Preis heiraten möchten. Um dieses Ziel zu erreichen, scheuen sich manche nicht, Anzeigen in gewissen Zeitschriften aufzugeben, und in vielen Fällen werden ihre Bemühungen auch mit Erfolg gekrönt. Sie bekommen, was sie wünschen, haben aber oftmals ihre Einsamkeit mit einer „Hölle auf Erden" vertauscht.

Es ist schon seltsam, viele Verheiratete beneiden die Unverheirateten und stöhnen: Wenn ich doch ledig wäre, dann könnte ich mich mehr für den Herrn einsetzen, die Bibel studieren, Bücher lesen, Besuche machen – aber jetzt gehen meine Kräfte für irdische Sorgen und Pflichten drauf.

Die unverheirateten Schwestern dagegen sehen sich oft als benachteiligte Menschen zweiter Klasse und verbrauchen ihre Kräfte durch Neid und Selbstmitleid, anstatt sie ungeteilt dem Herrn zu weihen. Wieviele missionarische Aufgaben gibt es und wieviele Möglichkeiten, in allen Lebensbereichen dem Herrn zu dienen. Möge Gott geben, daß solche Schwestern ihr Ledigsein nicht als Strafe empfinden, sondern als Berufung erkennen, um dem Herrn besser dienen zu können.

Welch ein Segen war Zinzendorfs einäugige Kuhmagd Anna Helene. Zinzendorf bekannte von ihr: *„Sie hat so viele Seelen unter den Frauen gewonnen, daß es unglaub-*

lich ist, und wenn eine Person in ihr Haus eintrat, so wurde sie schon für errettet angesehen."[13] Diese schlichte Magd, die in Gottes Wort lebte, wurde eine Seelsorgerin von ursprünglicher Kraft und Frische, weil sie zu Gottes Wegen „Ja" sagte und nicht mit ihrer Berufung haderte.

Was wäre aus Eva von Thiele-Winkler geworden, wenn sie geheiratet hätte, und die Aidlinger Schwestern gäbe es wohl kaum, wenn Christa von Viebahn um die Jahrhundertwende eine Anzeige unter „Heiratsgesuche" aufgegeben hätte.

Für mich war es sehr interessant, die Erweckungsbewegung des 18. Jahrhunderts in England unter diesem Gesichtspunkt zu untersuchen. Damals wurden vor allem drei Männer von Gott in besonderer Weise benutzt: George Whitefield, John Wesley und sein Bruder Charles Wesley. Charles war ein sehr gefühlvoller, musisch begabter Prediger, während John von seiner unvergleichlichen Mutter Susanna einen scharfen Verstand mitbekommen hatte und mehr logisch dachte und predigte. Whitefield war eine gute Mischung aus beiden und ein außergewöhnlich begabter Redner. Seine vollmächtigen, erschütternden Predigten zogen bis zu 100 000 Menschen unter freiem Himmel an.

Als die Erweckung auf dem Höhepunkt stand, heiratete Charles die hübsche, sehr musikalische Sally Gwynne und war von da an kaum noch auf den Schlachtfeldern des Evangeliums zu sehen. Konnte man bisher von ihm sagen, daß er „mit heiliger Liebe und Musik glühte und keine Mühsal, Gefahr und Verfolgung für zu groß achtete", so wurde er nach seiner Heirat ein seßhafter, braver Ehemann, der zwar noch hervorragende Lieder dichtete, aber ansonsten die Behaglichkeit des Hauses dem Sturm der Straße vorzog.

John Wesley dagegen vertrat die Ansicht, daß „die wenigen Glücklichen, die die Kraft hätten, auf die Ehe zu verzichten, frei wären von tausend namenlosen häuslichen Prüfungen und besonders von der stärksten aller Bindungen, nämlich: ein Geschöpf über alle anderen zu lieben."

Im Jahr 1751 schrieb er allerdings in sein Tagebuch: *„Jahrelang war ich ledig geblieben, da ich meinte, Gott so besser dienen zu können, und ich lobe Gott, der mich auch dazu befähigte. Aber jetzt glaube ich bestimmt, daß ich als verheirateter Mann Gott besser dienen kann. Aus dieser klaren Überzeugung heraus und auf die Ratschläge meiner Freunde heiratete ich wenige Tage später.*"[14]

Er heiratete eine reiche Kaufmannswitwe, die in der späteren Kirchengeschichte als „Frettchen" bekannt wurde und alles in ihrem Vermögen Stehende tat, um das Leben ihres Mannes zur Qual zu machen. So zog sie ihn z.B. an seinen Haaren durch das Zimmer und veröffentlichte voll Eifersucht seine persönlichen Briefe, um seinem Ruf zu schaden. Als sie ihren Mann 20 Jahre später verließ, schrieb er in sein Tagebuch:

„Bis heute weiß ich nicht, aus welchem Grund sie mich verließ, um niemals wieder zurückzukehren. Non eam reliqui, non dimisi, non revocabo – (Ich habe sie nicht verlassen, ich habe sie nicht fortgeschickt, ich werde sie nicht zurückholen)."[15]

Dieser Mann hätte sich viele Schmerzen und Schwierigkeiten erspart, wenn er nicht auf den Rat seiner Freunde gehört hätte. Aber immerhin trug seine Frau dazu bei, daß er es nicht lange zu Hause aushielt, sondern in den 50 Jahren seines Dienstes etwa 50 000 mal predigte und etwa 380 000 km zu Pferd zurücklegte.

George Whitefield, der am 4.4.1740 in einem Brief schrieb: *„Ich danke Gott dafür, daß ich, wenn ich mich nur ein bißchen in meinem Herzen auskenne, frei bin von jener närrischen Leidenschaft, welche die Welt Liebe nennt*"[16], hätte auch besser nicht geheiratet. Sein rastloser Dienst auf zwei Kontinenten erlaubte kein glückliches Eheleben.

Seinem Freund Gilbert Tennent schickte er nach seiner Heirat folgende Nachricht:

„Vor etwa elf Wochen heiratete ich in der Furcht Gottes eine etwa 36 Jahre alte frühere Witwe, die lange Zeit Haushälterin gewesen ist. Sie ist weder mit Glücksgütern gesegnet noch von Ansehen hübsch, aber wie ich hoffe, ein wirkliches Kind Gottes und jemand, der, wie ich denke, nicht versuchen wird, mir ein Hindernis in der Arbeit für Gott zu werden. In dieser Hinsicht bin ich noch der gleiche wie vor der Heirat. Ich hoffe, Gott wird mir nie erlauben zu sagen: Ich habe ein Weib genommen und kann nicht kommen."[17]

Ein Geschichtsschreiber hat wohl nicht ganz unrecht, wenn er über diese Epoche schreibt:

„Seine Heirat hat den armen Charles Wesley ganz reduziert und auch John Wesley und George Whitefield wären noch verdorben worden, hätte ihnen nicht ein weiser Meister gnädig ein paar richtige ‚Hausdrachen' gesandt."

Ganz anders verlief die Verlobungsgeschichte John Nelson Darbys, der etwa 100 Jahre später lebte. Als er sich mit der bemerkenswerten Lady Powerscourt verlobte, beteten die Brüder in Dublin, daß der Herr eine Heirat verhindern möchte. Sie sahen, daß Gott J. N. Darby mächtig in Seinem Werk gebrauchte und befürchteten, daß eine Frau ihm in diesem Dienst im Wege stehen könnte. Kurze Zeit später entlobten sich beide in gegenseitigem Einverständnis. Es ist ergreifend zu lesen, was Darby im Alter von einundachtzig Jahren an einen jungen Ehemann schreibt:

„Du hast nun eine Hilfe; und ich bin den Weg allein gegangen; doch alles ist sozusagen vergessen im Blick auf Seine Gnade und Treue.“[18]

Aus dem folgenden Brief scheint hervorzugehen, daß der Gedanke an die Entlobung zunächst von Lady Powerscourt ausging:

„Ich glaube, es gehört zum Schmerzlichsten des Handelns des Herrn mit uns Sündern, wenn man das Mittel ist, den zu bedrücken, der dich liebt, wenn Glück und Elend dessen, der dir teuer ist, von deinem Ja oder Nein abhängt, und du das Nein aussprechen mußt und somit den Eindruck von Undankbarkeit und Herzlosigkeit hinterläßt; wenn man weiß um einen in dieser Wüste, der deinetwegen unglücklich ist und man doch nicht in der Lage ist, noch es versuchen kann, ihn zu trösten. Es ist sehr schmerzlich, besonders wenn ein langes ‚Niemals‘ hinzugefügt ist.“[19]

Beide lebten nahe genug mit dem Herrn um zu erkennen, daß es einen anderen Weg für sie gab, auf dem sie Gott mehr ehren konnten, auch wenn es für sie selbst sehr schmerzlich war. Beide trachteten zuerst nach dem Reiche Gottes und wurden reich belohnt für alles, was sie um des Herrn willen in ihrem Leben aufgaben.

Nun gibt es auf der anderen Seite zahlreiche Beweise aus der Kirchengeschichte dafür, daß eine Ehe nicht eine Reduzierung der Aktivitäten für das Werk des Herrn bedeuten muß. Hudson und Maria Taylor, Charles und Priscilla Studd, Georg und Marie Müller und viele andere haben bewiesen, daß glückliche Ehen dem Werk des Herrn nicht im Wege stehen, sondern eine Verstärkung bedeuten können.

Die angeführten Beispiele sollen nur die Wichtigkeit der richtigen Entscheidung in dieser Lebensfrage deutlich machen und dazu anregen, gerade in diesem Bereich durch ernstes und aufrichtiges Gebet den Willen Gottes zu erfragen.

Die Wahl des Ehepartners

Nur wenigen jungen Christen ist die Tragweite der Partnerwahl auch nur annähernd bewußt. Ich staune immer wieder, wie leichtfertig und gedankenlos junge Menschen eine solch lebensentscheidende Verbindung eingehen. Schließlich handelt es sich bei der Partnerwahl um eine Entscheidung, die von ungleich weitreichenderen Konsequenzen ist als die Wahl eines Autos, welches ich nach wenigen Monaten bei Nichtgefallen austauschen kann, sondern es handelt sich um die lebenslange Bindung an einen Menschen, den ich nicht auswechseln darf. Der Lebenspartner wird entweder eine segensreiche Hilfe und Ergänzung, eine erträgliche Belastung oder eine lebenslange Qual sein. Sicherlich wird ein junger Mensch die Folgenschwere dieser Entscheidung kaum übersehen können und er wird gut daran tun, in dieser Frage nicht nur seinen Gefühlen zu folgen, sondern vor allem Gott um Rat und Weisung in dieser wichtigen Frage zu bitten.

Die Kriterien, nach denen ein junger Mann seine Lebensgefährtin aussucht, machen in gewissem Maß seinen eigenen geistlichen Zustand deutlich. Wird die Wahl entscheidend von Äußerem beeinflußt, spielen die Charaktereigenschaften und Veranlagungen der Seele eine bestimmende Rolle, oder entscheidet die geistliche Gesinnung die Wahl? Natürlich wird keinem jungen Mann das Aussehen seiner Zukünftigen gleichgültig sein, aber er wäre sehr kurzsichtig, wenn er davon die Wahl abhängig machen würde.

Lemuel hat recht, wenn er schreibt: *„Die Anmut ist Trug, und die Schönheit Eitelkeit; eine Frau, die den Herrn fürchtet, sie wird gepriesen werden“* (Spr. 31,30).

Wenn ich nun drei „Siebe“ empfehle, die bei der Wahl des Lebenspartners eine Hilfe sein können, dann setze ich voraus, daß der junge Mann, der vor der „Qual der Wahl“ steht, ein bewußter Nachfolger Jesu Christi ist.

Erstes „Sieb“: Bekehrt?

Eigentlich sollte diese Frage bei Kindern Gottes überflüssig sein, aber leider trifft man immer wieder junge Christen an, die sich mit einem ungläubigen Partner verbunden haben. Die Bibel ist in dieser Frage so eindeutig, daß ich mit absoluter Sicherheit sagen kann, daß es *niemals* Gottes Wille ist, einen ungläubigen Partner in Erwägung zu ziehen.

Gott hat am ersten Schöpfungstag das Licht von der Finsternis geschieden und dieses grundlegende geistliche Prinzip sollte uns in allen Lebensfragen leiten. Was Gott zusammengefügt hat, soll der Mensch nicht scheiden; aber was Gott getrennt hat, darf der Mensch nicht zusammenfügen.

„Seid nicht in einem ungleichen Joche mit Ungläubigen. Denn welche Genossenschaft hat Gerechtigkeit und Gesetzlosigkeit? oder welche Gemeinschaft Licht mit Finsternis? und welche Übereinstimmung Christus mit Belial? oder welches Teil ein Gläubiger mit einem Ungläubigen?“ (2. Kor. 6,14-15)

Immer wieder wird in dieser Frage das Argument eingeworfen: „Aber vielleicht möchte der Herr, daß der Andere durch mich zum Glauben kommt." Mit diesem Vorwand sind hunderte junger Christen in eine Falle Satans gelaufen. Eine solche Verbindung hat niemals eine Verheißung Gottes auf ihrer Seite und kann daher nicht unter dem Segen Gottes stehen.

Aber auch abgesehen von den eindeutigen Warnungen der Bibel muß man sich doch fragen, ob man seinen Ehepartner glücklich machen kann, wenn man als Christ völlig andere Lebensziele und Lebensinhalte hat:

„Wandeln wohl zwei miteinander, es sei denn, daß sie übereingekommen sind?" (Amos 3,3)

Der eine ist auf dem Weg zum Himmel, der andere auf dem Weg in die ewige Verdammnis. Der eine sollte für Christus, der andere möchte für sich selbst leben. Der eine sieht in den Angeboten der Welt eine Versuchung Satans, der andere eine willkommene Lustbefriedigung. Was motiviert mich wirklich, die denkbar engste Lebensgemeinschaft mit einem Menschen einzugehen, dessen Sinnen und Trachten in eine völlig andere Richtung geht?

In fast allen Fällen, die ich kenne, waren in Wirklichkeit sexuelle oder materielle Aspekte und nicht missionarische Motive der ausschlaggebende Grund für eine solche Verbindung.

Spurgeon erzählte einmal von einer Schwester, die zu ihm kam und ihre Verlobung mit einem ungläubigen Mann bekanntgab. Sie glaubte, der Herr hätte sie beauftragt, diesem Mann ein Wegweiser zu Jesus zu sein.

Der weise Seelsorger bat dann die Schwester, sich auf

einen Tisch zu stellen. Dann reichte er ihr die Hand und forderte sie auf, ihn auf den Tisch hinaufzuziehen. Sie zog mit allen Kräften, aber natürlich gelang es ihr nicht. Nach diesem vergeblichen Versuch sagte Spurgeon: „So, jetzt versuche ich einmal, dich von dem Tisch herunterzuziehen." Er brauchte nur ein wenig Kraft einzusetzen und schon befand sich die Schwester auf dem Erdboden. Mit dieser einfachen Lektion machte er ihr deutlich, daß bei solchen Verbindungen das Gesetz der Schwerkraft siegt. Ich habe in den vergangenen Jahren immer wieder beobachtet, daß Christen, die sich mit einem ungläubigen Partner verbanden, ihr geistliches Niveau verloren haben. Es gibt nur ganz wenige Ausnahmen, in denen es Gott in Seiner Gnade anders geführt hat. Aber diese Ausnahmen bestätigen die Regel, daß wir für eine solche Wahl keine göttliche Verheißung haben.

Zweites „Sieb": Bewährt?

Jemand, der für den Herrn Jesus leben möchte, kann nicht mit der Überzeugung zufrieden sein, daß der „Andere" bekennt, wiedergeboren zu sein. Es sollten auch Früchte des neuen Lebens und nicht nur traditionelles Gewohnheitschristentum zu erkennen sein:

Handelt es sich um eine Person, an welcher Liebe zum Herrn, Liebe zum Wort Gottes, Liebe zu den Gläubigen und zu den Verlorenen, Selbstverleugnung und Hingabe zu erkennen ist?

In 2. Mose 2,1 lesen wir: „. . . *ein Mann vom Hause Levi ging hin und nahm sich eine Tochter Levis.*"

Levi bedeutet übersetzt „anhänglich“ und erinnert an Hingabe und Treue zu Christus. Der spätere Stamm Levi bekam als Lebensaufgabe den Dienst am Heiligtum. Das deutet auf die Bereitschaft hin, mit allen Kräften und Gaben zum Dienst für den Herrn und Sein Volk zur Verfügung zu stehen.

In den Eltern Moses sehen wir also zwei Menschen, die zum Volk Gottes gehören, aber auch von dem einen Wunsch durchdrungen sind, dem Herrn zu dienen und Ihm auch in schweren Zeiten gehorsam zu sein.

Der bekannte Afrika-Missionar Charles T. Studd schrieb am 25.7.1887 an Priscilla Stewart, die später seine Frau wurde:

„Es wird kein leichtes, behagliches Leben sein, das ich Ihnen bieten kann. Es wird ein Leben sein voll Mühe und Beschwerde. Wirklich, wenn ich nicht wüßte, daß Sie ein Kind Gottes sind, würde ich nicht im Traum daran denken, um Sie zu werben. Es handelt sich darum, ein Mitkämpfer zu werden in Gottes Armee, ein Leben des Glaubens an Gott zu führen, des Kampfes für Ihn, eingedenk der Wahrheit, daß wir hier keine bleibende Stadt, keinen sicheren Wohnsitz haben, sondern daß wir nur die ewige Heimat suchen in des Vaters Haus dort droben. Das würde unser Leben sein. Möge der Herr allein Sie leiten!“[20]

Drei Monate später, nachdem Priscilla „Ja“ gesagt hatte, schrieb Studd ihr:

„Ich liebe Dich wegen Deiner Liebe zu Jesus, ich liebe Dich wegen Deines Eifers für Ihn, ich liebe Dich wegen Deiner Liebe zu den Seelen derer, die Du zu retten suchst,

ich liebe Dich wegen Deiner Liebe zu mir, ich liebe Dich um Deiner selbst willen, ich liebe Dich, weil Jesus Dich mir gegeben hat, um mich zu segnen und meine Seele für Ihn zu entflammen. O Herr Jesus, wie kann ich Dir je genug dafür danken, für das, was Du mir damit gegeben hast!"[21]

Priscilla war eine junge begabte Missionarin, der es darum ging, mit ihrem Leben Gott zu verherrlichen. Nach intensiver Selbstprüfung erkannte sie Gottes Weg in der Ehe mit Charles und als sie kurze Zeit später heirateten, trug sie ein Hochzeitskleid mit einer Schärpe, auf welcher die Worte eingestickt waren: „Vereint im Kampf für Jesus."

Welch ein Segen ist von diesem Ehepaar ausgegangen, die wiedergeboren waren, einander liebten, aber vor allem wünschten, Gott zu dienen und Ihn zu verherrlichen. Diese sehr glückliche Ehe hielt auch äußerst starken Belastungen stand, als sie die letzten 15 Jahre ihrer Ehe getrennt leben mußten, weil der Gesundheitszustand von Priscilla Studd das Leben im Kongo nicht zuließ.

In diesen letzten fünfzehn Jahren sahen die beiden sich nur einmal, als Priscilla etwa ein Jahr vor ihrem Tod ihren geliebten Mann vierzehn Tage lang im Kongo besuchte. Als sie sich verabschiedeten, wußten sie, daß sie sich auf Erden nicht mehr wiedersehen würden. Karriere und Vermögen hatten beide zu Beginn ihres gemeinsamen Lebens geopfert, nun folgten Gesundheit, Heim, Familienleben und Ehepartner. C.T. Studd kann man die inhaltsschweren Worte abnehmen, die ihm so schnell keiner nachsprechen wird:

„Ich habe mein Leben durchforscht und ich finde nichts

mehr, was ich dem Herrn Jesus noch opfern könnte."

Was wäre aus diesem Missionar geworden, wenn er sich in der Wahl seiner Lebensgefährtin von oberflächlichen Prinzipien hätte leiten lassen?

Wie kann heute ein junger Christ erkennen, ob das Mädchen seiner Wahl nicht nur bekehrt, sondern auch bewährt ist?

Nun, am Nordsee-Strand, beim Konzertabend oder in einem Vergnügungspark lassen sich solche Beobachtungen schlecht machen. Die Frage ist, *wo* man sich kennenlernt.

Wie wichtig ist es, daß die gläubigen Familien ihre Häuser öffnen und auch die Gemeinden dafür Sorge tragen, daß junge Christen in einer gesunden, geistlichen Atmosphäre aufwachsen und sich ungezwungen kennenlernen können. Bei evangelistischen Einsätzen oder auch bei ganz praktischen Aktionen läßt ein junger Christ erkennen, wes Geistes Kind er ist. Vor allem aber innerhalb der Familie, wo eine gespielte Frömmigkeit am schnellsten auffällt, wird man die Bewährung eines jungen Christen erkennen können. Hilfsbereitschaft, Rücksichtnahme, Bescheidenheit und wirkliche Hingabe wird dort ganz praktisch sichtbar.

Ich muß bekennen, daß mich meine Schwestern nach meiner Bekehrung oft etwas wütend „Straßenengel und Hausteufel" nannten. Zu fremden Menschen konnte ich freundlich und hilfsbereit sein, während in der Familie bei mir wenig von echter, praktischer Frömmigkeit zu erkennen war. Um junge Burschen zu Jesus zu führen, war mir kein Weg zu weit, aber den eigenen Familienangehörigen ein wenig Liebe und Freundlichkeit zu zeigen, fiel mir äußerst schwer.

Vielleicht darf ich an dieser Stelle noch etwas aus meinem Leben weitergeben. Wenn ich zurückdenke, bei welcher Gelegenheit mir meine Frau zum ersten Mal aufgefallen ist, dann erinnere ich mich, daß ich sie bei einer gläubigen, vorbildlichen Familie kennenlernte, die ein offenes Haus hatte. Ursula fiel mir dadurch auf, – damals war bei mir noch kein Gedanke an Heirat – daß sie fröhlich und selbstverständlich anpackte, wenn es um das Spülen, Abtrocknen, Putzen und Aufräumen ging. Bis heute ist es ein Teil ihrer Lebensaufgabe geblieben, sich fröhlich um den Schmutz und die Unordnung zu kümmern, die ein nicht besonders ordentlicher Mann, sieben Kinder und zahlreiche junge Menschen, die bei uns ein- und ausgehen, hinterlassen. An ihrer Haltung konnte ich erkennen, daß ihr Christsein nicht nur aus Worten bestand.

Der bekannte Straßenprediger und Evangelist Wolfgang Dyck lernte seine Frau ganz „zufällig" bei einem Einsatz kennen. Als er beim Aufbruch eine Mitfahrgelegenheit suchte, war nur noch in einem Auto ein freier Platz. Dort stieg er ein und kam neben Hannelore zu sitzen, die dann später seine Frau wurde. Dyck pflegte an dieser Stelle seiner Lebensgeschichte schmunzelnd zu sagen:

„So habe ich meine Frau auf dem Dienstwege bekommen. Ich hätte mir das nicht träumen lassen, daß ich als

ehemaliger Zuchthäusler einmal heiraten würde. Ich brauchte zu diesem Zweck in kein Tanzlokal zu gehen. Tanzen kann ich nicht, im Gefängnis haben wir das nicht gelernt. Alles was ich habe, ist mir zugefallen nach der Verheißung Jesu: ‚Trachtet zuerst nach dem Reich Gottes und seiner Gerechtigkeit und so wird euch alles zufallen.'"[22]

Solche Einsätze, Freizeiten, Bibelkonferenzen usw. sind auch Gelegenheiten, wo junge Christen sich in einer guten Umgebung ungezwungen kennenlernen können.

In einer Zeit, wo auch in bibeltreuen Kreisen mehr Schein als Sein anzutreffen ist, sollte ein junger Mann nicht vorschnell eine Wahl treffen, sondern unter Gebet prüfen, ob die betreffende Schwester sich als Jüngerin Jesu bewährt hat und in ihrem Leben Charakterzüge unseres Herrn Jesus zu erkennen sind.

Drittes „Sieb": Passend?

Wenn die Fragen der Bekehrung und der Bewährung geklärt sind, dann bleibt noch die Frage, ob man zueinander paßt.

Hier möchte ich sehr vorsichtig sein, denn wir Menschen können schlecht beurteilen, wer zueinander paßt und wer nicht. Unter ‚passend' verstehe ich auch nicht, daß beide z. B. unbedingt musikalisch, tierliebend, oder aber auch ordnungsliebend sein müssen. Aus eigener Erfahrung kann ich bezeugen, daß in dieser Beziehung Gegensätze sehr segensreich sein können.

Unter ‚passend' verstehe ich das, was in 1. Mose 2,18

berichtet wird:

„Und Gott der Herr sprach: Es ist nicht gut, daß der Mensch allein sei, ich will ihm ein Hilfe machen, ihm entsprechend.“

Gott allein wußte, was dem Adam fehlte und Er sorgte für die ihm entsprechende Ergänzung. So sind wir in dieser Frage besonders auf Gott angewiesen, der uns besser kennt, als wir selbst und daher auch weiß, welcher Ergänzung wir bedürfen.

Dennoch gibt es auch Dinge, die ein gesunder Menschenverstand beurteilen kann. Wenn z. B. ein Mann von fünfundzwanzig Jahren eine Frau heiraten möchte, die zwanzig Jahre älter ist, dann sollte man ihn sehr zur Vorsicht mahnen. Natürlich kann es glückliche Ausnahmen geben, aber in der Regel wird man eine solche Verbindung nicht empfehlen können.

Ein anderes extremes Beispiel: wenn das Mädchen Hochschulbildung hat, der junge Mann aber nur mit Mühe seinen Namen buchstabieren kann, dann scheint es mir sehr fraglich, ob der Herr diese Verbindung gewirkt hat.

Normalerweise sollte die Frau sich an den Mann lehnen können; sie soll ihm wohl eine Hilfe und Ergänzung, aber kein Mutter-Ersatz sein. Ich denke, wir alle kennen die Not mancher Ehen, wo die Frau dominierend ist und alle Entscheidungen treffen muß, während der Mann bestenfalls „Kartoffeln schälen und abtrocknen“ kann.

Ich denke an einen jungen Mann, der sehr dynamisch an der Front des Evangeliums kämpfte. Jeder, der ihn kannte, mußte annehmen, daß er sich eine Frau suchen würde, die ebenso aufgeschlossen und unternehmungslustig wäre. Wir alle waren erstaunt, als er uns dann eines Tages seine Braut vorstellte: ein stilles, bescheidenes Mädchen, das aber dadurch auffiel, daß es besaß, was die Bibel mit „sehr köstlich" auszeichnet: einen „sanften und stillen Geist" (1. Petr. 3,4). Er begründete seine Wahl damit, daß er sagte: „Ich will keine Modepuppe, sondern eine Beterin heiraten, die bereit ist, auf den Knien zu liegen, während ich im Kampf stehe." Dieser Bruder war zumindest in der Wahl seiner Lebensgefährtin besonnen und bekam mit seiner Frau eine ihm entsprechende Hilfe.

Gerade in dieser Frage sollte man sehr viel beten, damit man in der Gemeinschaft mit dem Herrn Seine Weisung bekommt und erkennt. Wie dankbar bin ich, wenn ich erlebe, daß zwei junge Christen, die beide für den Herrn leben möchten, oft monatelang zum Herrn um Klarheit und Führung rufen, ohne daß sie um die Gebete und Gefühle des anderen wissen. Meine Beobachtung ist, daß solche Ehen, die unter anhaltendem Gebet zustande gekommen sind, fast immer glücklich und gesegnet waren.

Ich halte es aber auch für sehr hilfreich, wenn der junge Christ diese wichtige Frage mit seinen Eltern, einem Seelsorger oder auch einem Freund überdenken kann. Besonders wenn die Eltern auch entschiedene Christen sind und Sorge um die gesunde, geistliche Entwicklung ihrer Kinder tragen, wird ihr Rat von großem Nutzen sein. Oft können andere gerade dann, wenn Liebe „blind" macht, einen Menschen besser und nüchterner beurteilen, als der Verliebte selbst.

Es war für mich sehr interessant festzustellen, wie glücklich oft die Ehen von den Herrnhuter Missionaren waren, die vor etwa 200 Jahren, teilweise auf etwas seltsame Weise, geschlossen wurden. Wenn ein lediger Missionar in Indien oder auf den Westindischen Inseln signalisierte, daß er eine „Hilfe" brauchte, dann traten die Brüder in Herrnhut zusammen und überlegten, welche von den ledigen Schwestern wohl die rechte Hilfe für den einsamen Bruder sein könnte. Es wurde viel gebetet und teilweise auch das Los geworfen (über dessen Anwendung man sicherlich einige Fragen stellen muß) und schließlich die Schwester nach ihrer Bereitschaft gefragt. Wenn eine positive Antwort kam, wurde dem Missionar X schriftlich mitgeteilt, daß Schwester Y als zukünftige Ehefrau für ihn kurz vor der Ausreise stehe. Man kann sich die Spannung dieser beiden Menschen vorstellen, die einander vielleicht nie gesehen haben, aber doch der Führung des Herrn gewiß und bereit waren, diesen Glaubensschritt zu tun.

Nun wäre es gewiß unsinnig, eine solche Praxis in der heutigen Zeit wieder einführen zu wollen, aber die vielen unglücklichen und disharmonischen Ehen unter den Christen sollten jeden, der vor der Partnerwahl steht, selbstkritisch machen und bewegen, die klare Führung des Herrn zu suchen, aber auch den Rat reifer Christen nicht zu verachten.

Vielleicht ist es einigen Lesern interessant, den Rechenschaftsbericht des jungen Grafen von Zinzendorf, dem Gründer der Herrnhuter Brüdergemeinde, zu lesen, welchen er im Jahr 1722 in dreizehn Punkten verankerte, bevor er sich mit Erdmuthe Gräfin Reuß verlobte. Zinzendorf hatte vorher schon einige „Körbe“ bekommen, so daß er nun besonders vorsichtig und sachlich alle Beweggründe seiner Wahl durchdachte:

1. Sein Vorhaben sei keinesfalls von fleischlichen Absichten getragen, denn die schwächliche Konstitution der Braut hätte ihn unter solchen Umständen eher von der Heirat abhalten können.
2. Es bestehe zwar die Aussicht, daß die Braut im Laufe der Zeit 20 000 Gulden erben werde, doch das sei völlig ungewiß; Geldgier könne ihm also nicht zum Vorwurf gemacht werden.
3. Fest stehe, daß sich die Braut auch keinerlei Hoffnung auf Reichtum mache.
4. Er gebe ohne weiteres zu, daß ein solcher Schritt nicht allein dem Drang der Liebe, sondern mindestens in gleichem Maße vernünftigen Erwägungen folge.
5. Gerade diese Erwägungen seien deshalb besonders hoch zu werten, weil sie keinerlei Rücksicht auf Familie, Laufbahn und Wohlstand nähmen.
6. Die Braut sei klug, gütig, keineswegs eitel und bei weitem besseren Charakters als er selbst, der jetzt um sie werbe und mit dem sie fortan leben müsse.
7. Zwar habe Gott seinen Kindern zugesagt, daß ihnen auf Erden nichts mangeln sollte, aber es sei doch nicht angängig, dieses Versprechen auch auf Standesherrschaft, Hofstaat und Bedienung auszudehnen.
8. Zwei Menschen seien dann als glücklich zu bezeichnen, wenn sie nach ernster Prüfung einig seien, wenn sie genügsam und hilfsbereit lebten, und wenn sie den

Todestag schon jetzt ständig als Freuden- und Trosttag empfänden.

9. Eine derart begründete Ehe könne nicht unglücklich auslaufen, eine solche Gemeinschaft habe auf jeden Fall den Vorzug vor der Einsamkeit.
10. Es könne festgestellt werden, daß die Mutter mit allem einverstanden sei, und was die Großmutter betreffe, so sei sie weder pro noch kontra.
11. Er habe die felsenfeste Überzeugung, daß dieses Ehebündnis im „Rat der Wächter" bereits beschlossen wurde.
12. Man könne noch die Frage aufwerfen, ob nun gerade er zum Heiraten oder zum Ledigsein bestimmt sei; da vertrete er die Meinung, daß das jeder allen gut gemeinten Ratschlägen zum Trotz mit seinem Gott allein auszumachen habe.
13. Wenn nun alles in bester Ordnung befunden werde, so könne man noch vorbringen, daß der Zeitpunkt der Verbindung noch nicht gekommen sei. Auch hier schlage er vor, die letzte Entscheidung Gott zu überlassen, dem es ja schließlich unbenommen sei, die Heirat im letzten Augenblick durch Seine Allmacht zu verhindern.[23]

Erdmuthe wurde dem genialen Grafen eine tüchtige und kluge Ehegefährtin, die ihre schwere und verantwortungsvolle Lebensaufgabe meistern konnte, weil sie das Anliegen ihres Mannes von ganzem Herzen teilte: eine laue Christenheit zum echten Glauben zurückzuführen, Streiter für den Herrn zu gewinnen und alle Kinder Gottes in Liebe zu verbinden.

Wie erkenne ich den Willen Gottes?

Wenn nun ein Mädchen, das ein junger Mann im Herzen trägt, den bisher genannten Kriterien entspricht, was ist dann zu tun?

Nun, die schwerste Frage steht noch offen: die Frage nach der persönlichen Führung Gottes in dieser Sache.

Leider ist es ja so, daß viele Christen erst vor dieser wichtigen Lebensentscheidung beginnen, nach dem Willen Gottes zu fragen. Deshalb sollte man dann auch ehrlich in der Selbsteinschätzung sein. Wer sich nicht täglich in den kleinen Alltagsangelegenheiten übt, den Willen des Herrn zu erkennen und zu tun, der sollte sich nicht einbilden, daß er auf Anhieb die Führung Gottes in der Partnerwahl erkennt.

Würden wir täglich in praktischer Gemeinschaft mit dem Herrn leben, wäre es sicher nicht schwer, Seinen Willen auch in diesen Fragen zu erkennen.

„Er wird mir Seinen Willen offenbaren, nicht durch Feuer oder Erdbeben, sondern durch das ruhige Bleiben in Seiner Gegenwart; als Gotteskind lernt man bald, aus ihr Seinen Willen herauszulesen.“[24] (Jim Elliot)

Weil zudem die Frage der Partnerwahl auch so sehr von Gefühlen beeinflußt wird, sollte man den Herrn ganz nüchtern und aufrichtig bitten: Wenn diese Schwester nicht die von Dir für mich bestimmte ist, dann mache mir das ganz deutlich und verhindere eine Verlobung.

In den meisten Fällen ist es wohl so, daß man die Wahl

schon längst getroffen hat und nun um jeden Preis die Bestätigung des Herrn sucht. Welch ein Einfallsreichtum wird da oft entwickelt, um die „Zeichen des Herrn" in allen möglichen Umständen zu erkennen.

In der Bibel gibt es ein sehr wichtiges Kapitel, in welchem ausführlich eine Brautwerbung geschildert wird. In 1. Mose 24 lesen wir, wie der greise Abraham seinen Knecht Elieser aussendet, um eine Frau für seinen Sohn Isaak zu suchen. Elieser mußte schwören, keine Frau von den Kanaanitern, sondern aus der Verwandtschaft Abrahams – wir würden heute sagen: aus dem Volk Gottes – zu holen.

Der Knecht Abrahams stand vor einer schweren und verantwortungsvollen Aufgabe. Doch drei Dinge halfen ihm, den Willen Gottes klar zu erkennen:

1. Er betete zu Gott um klare Führung.
2. Die Entscheidung wurde am Brunnen (in der Bibel meist ein Bild für das Wort Gottes) getroffen.
3. Er hatte Geduld und konnte die Führung Gottes ruhig abwarten.

In Vers 21 lesen wir den schönen Satz: *„Und der Mann sah ihr staunend zu und schwieg, um zu erkennen, ob der Herr zu seiner Reise Glück gegeben habe, oder nicht."*

Als Gott ihm dann unmißverständlich Rebekka als die zukünftige Frau Isaaks zeigte, ging er zu ihrem Vater und warb um sie. Und nun zeigte Elieser eine vorbildliche Haltung: er überrumpelte und erdrückte Rebekkas Familie nicht mit frommen Phrasen vom „Willen Gottes", sondern wartete ab, ob sie auch die Führung Gottes in dieser

Sache erkannten. Er war bereit, auch ohne Rebekka nach Hause zu ziehen, wenn sie „Nein“ sagen würde.

Ich halte es immer für sehr bedenklich, wenn Brüder mit Nachdruck auf den Willen Gottes pochen – den sie vorgeben, erkannt zu haben – um die Entscheidung des Anderen zu beeinflussen. Für sich selbst sollte man sicher die felsenfeste Gewißheit der Führung Gottes haben, aber man sollte nicht viel darüber reden, sondern dem Gegenüber Gelegenheit geben, ebenfalls in Ruhe den Willen Gottes zu erkennen.

Vor Jahren bekam ich eine Verlobungsanzeige von zwei jungen Christen, die ich beide als ernste, entschiedene Nachfolger Jesu kannte. Die Anzeige war überschrieben mit dem bekannten Vers: *„Zwei sind besser daran als einer . . . und eine dreifache Schnur zerreißt nicht so bald“* (Pred. 4,9+12).

Nach wenigen Monaten traf wieder eine Karte ein, allerdings nicht mit der Hochzeitsanzeige, sondern mit der Mitteilung, daß die Verlobung aufgelöst worden sei.

Wenn ich mich recht entsinne, war es so, daß die Schwester so sehr von der geistlichen Haltung des Bruders überzeugt und beeindruckt war, daß sie wohl dachte: Wenn der mich fragt, welcher so entschieden dem Herrn folgt, und wenn er davon überzeugt ist, daß ich die Frau nach dem Willen Gottes für ihn bin, dann wird das sicher richtig sein. Dazu kam noch, daß der junge Mann zuvor die Zustimmung ihrer Eltern zu der Verlobung bekommen hatte und somit die besten Voraussetzungen geschaffen waren.

Doch während der Verlobungszeit kamen dann bei ihr starke Zweifel auf, so daß sie erst in dieser Zeit begann, ernsthaft nach dem Willen Gottes zu fragen. Da der Herr ihr auch keine tiefe Liebe zu dem Verlobten schenkte, waren beide weise und geistlich genug, um sich vor Gott zu demütigen und die Verlobung aufzulösen. Inzwischen sind beide jeweils mit einem anderen Partner glücklich verheiratet.

Viele haben nicht den Mut, in einer solchen Situation die Verlobung aufzulösen, weil sie die Blamage fürchten. Natürlich ist es sehr demütigend, zugeben zu müssen, daß „eine zweifache Schnur" zerrissen ist und daß man den eigenen Willen zum Willen des Herrn gemacht hat, aber es ist doch auf jeden Fall richtiger, rechtzeitig die Konsequenzen zu ziehen, als auf einem falschen Weg weiterzugehen und lebenslang unglücklich verheiratet zu sein.

Weil es möglich sein kann, daß eine Verlobung gelöst werden muß, möchte ich allen Verlobten dringend raten, sich während der Verlobungszeit so zu verhalten, daß die Verlobung ohne großen Schaden aufgelöst werden kann, wenn einer von beiden starke, berechtigte Zweifel an der Führung Gottes bekommt. Wie gut, wenn dann keine unguten Erinnerungen und unsauberen Begegnungen das weitere Leben belasten.

Der bereits erwähnte Erweckungsprediger George Whitefield hat einmal einen Werbebrief geschrieben, den ich hier nicht als Muster, sondern als Denkanstoß auszugsweise wiedergeben möchte:

Liebes Fräulein Elisabeth! *4. April 1740*

Seien Sie bitte nicht über den Inhalt dieses Briefes überrascht. Der Ihrem verehrten Herrn Vater und Mutter übersandte Brief wird Sie mit den dafür vorliegenden Gründen bekannt machen.

Denken Sie, Sie können die Anstrengungen ertragen, die ganz notwendig damit verknüpft sind, mit einem Manne verbunden zu sein, der jeden Tag darauf gefaßt sein muß, zum Leiden um Christi willen berufen zu werden? Können Sie es ertragen, Ihres Vaters und Ihrer Verwandtschaft Haus zu verlassen und auf den zu vertrauen, der die jungen Raben nährt, die zu ihm schreien, wenn Sie an Ihren und Ihrer Kinder Unterhalt denken, vorausgesetzt, es würde ihm gefallen, Sie mit solchen zu segnen? Können Sie es unternehmen, einem Gatten in der Sorge für eine Familie zu helfen, die vielleicht aus hundert Personen besteht? Können Sie die Unbilden der Witterung in einem fremden Klima, bald die Hitze, bald die Kälte, ertragen? Können Sie einen Gatten haben, als hätten Sie ihn nicht, und sich willig von ihm trennen, wenn sein Herr ihn fortruft, das Evangelium zu predigen, und ihm befiehlt, Sie hinter sich zurückzulassen?

Wenn Sie bei Gott um Weisung gesucht und Ihr Herz geprüft haben und dann sagen können: „Ich vermag alle diese Dinge durch den, der mich mächtig macht, Christus", wie wäre es, wenn Sie und ich im Herrn miteinander verbunden würden und Sie kämen bei meiner Rückkehr von England mit mir als Gehilfin bei der Versorgung des Waisenhauses? Ich habe gute Gründe dafür zu glauben, daß es der göttliche Wille ist, meinen Stand zu ändern, und ich habe oft gedacht, Sie sind der für mich bestimmte Mensch. Ich werde weiter auf Weisung von Gott warten und bitte ihn herzlich, nichts daraus werden zu lassen, wenn dies nicht von ihm ist.

Ich schreibe so offen, weil ich weiß, ich schreibe aus keinem anderen Beweggrund als aus Liebe zu Gott. Ich werde es mir zur Aufgabe machen, den Herrn Jesus anzurufen und möchte Sie bitten, Ihn wie auch Ihre Freunde um Rat zu fragen. Denn wenn wir einen Segen erlangen wollen, müssen wir die Aufmerksamkeit des Herrn und die seiner Jünger auf die Heirat lenken.

Ich glaube, ich kann den Gott Abrahams, Isaaks und Jakobs zum Zeugen dafür anrufen, daß ich Sie, meine Schwester, nicht aus Sinnenlust, sondern aufrichtig zum Weib zu nehmen wünsche.

Ich gebe Ihnen keine langen Erklärungen ab, denn ich denke, Sie halten mich für aufrichtig. Die leidenschaftlichen Ausdrücke und fleischlichen Höflichkeiten können sich, meine ich, diejenigen ersparen, die sich im Herrn verbinden wollen. Ich kann nur versprechen, daß ich mit Gottes Hilfe mein Ehegelübde halten und alles tun werde, was in meiner Möglichkeit steht, Ihnen auf dem Wege des Heils vorwärtszuhelfen.

Wenn Sie meinen, eine Heirat sei Ihrem besseren Teil irgendwie abträglich, so seien Sie so freundlich und schicken Sie mir eine Absage. Ich will um alles in der Welt kein Fallstrick für Sie sein. Scheuen Sie sich nicht, Ihre Meinung auszusprechen. Ich weiß gewiß, daß ich Sie nur um Gottes willen liebe und ich wünsche, mit Ihnen nur nach seinem Befehl und für seine Sache vereinigt zu werden. Ich schreibe dies mit Furcht und großem Zittern und will geduldig

darauf warten, bis der Herr geruht, Sie, liebes Fräulein Elisabeth, dazu geneigt zu machen, eine Antwort zu senden
Ihrem herzlich verbundenen Bruder,
Freund und Diener in Christus
George Whitefield.[25]

Ich halte diesen sicher sehr ungewöhnlichen Brief in vielen Punkten für vorbildlich. Da schreibt ein Diener des Herrn ganz klar, was er will und welche Kosten zu überschlagen sind. Dem Mädchen wird nichts vorgegaukelt, es wird nicht bedrängt, sondern Whitefield gibt ihr Zeit, die Sache in aller Ruhe vor dem Herrn zu prüfen und auch „Nein" zu sagen. Fräulein Elisabeth hat übrigens eine Verlobung mit diesem Mann abgelehnt.

Ganz anders verlief C.T. Studds Verlobung. Sein Beispiel kann sicher nicht so ohne weiteres zur Nachahmung empfohlen werden, was auch aus dem bereits erwähnten Beispiel deutlich wird. Er hatte Priscilla einen Antrag gemacht, den sie allerdings zunächst einmal zurückgewiesen hatte. Seine Reaktion darauf:

„Sie haben nicht erfaßt, was Gott in dieser Sache im Sinn hat und was Er will. Ich habe die Absicht, Sie zu heiraten, ob sie nun wollen oder nicht. Darum täten Sie besser, sich zu fügen und die Lage so zu nehmen, wie sie ist."[26]

In einem weiteren Brief schrieb er, wie er zu dieser Gewißheit gekommen war:

„Aber jetzt muß ich Ihnen sagen: ich habe acht Tage allein verbracht in Beten und Fasten, und da hat der Herr mir

gezeigt, – das glaube ich fest – daß Sie unrecht haben und Ihr Beschluß nicht bestehen kann. Sie werden es sehr bald selbst fühlen, wenn nicht der Herr es Sie bereits hat sehen lassen . . . Tag für Tag vergeht, und ich werde nur mehr und mehr überzeugt und kann gar nicht mehr zweifeln, daß dies vom Herrn kommt. Sie wissen ja einigermaßen, wie ich die Zeit verbracht habe, seit ich Ihren Brief empfing: alles andere habe ich beiseite liegen lassen, Arbeit, Schlaf und Essen; ich habe nur Sein Angesicht gesucht und mich bemüht, Seinen Willen zu verstehen. Er hat mich vorwärts geführt und spricht Tag für Tag zu mir; Er gibt mir den Mut und die Kühnheit, endgültig um Sie zu werben.“[27]

Mit einer solchen Überzeugung und Gewißheit kann sicher nur jemand auftreten, der in dieser Frage eine lange Zeit unter Fasten und Beten vor dem Herrn gestanden hat und der viele Jahre hindurch in kleinen und großen Entscheidungen darin geübt ist, den Willen Gottes zu erkennen und auch zu tun.

Abschließend möchte ich noch an die jungen Schwestern appellieren, ihre Verantwortung bei der Partnerwahl sehr ernst zu nehmen. Gott hat dem Mann die Aufgabe gegeben, um eine Frau zu werben und es ist schade, daß heute auch gläubige Mädchen sich in dieser Beziehung emanzipieren und – natürlich nicht ganz so plump, wie es unter Ungläubigen üblich ist – auf ‚Männerjagd' ausgehen. Die Aufgabe der Schwester ist zu beten und zu warten und dann, wenn sie von einem Mann angesprochen wird, den Willen des Herrn zu erfragen. Niemals darf sie die Verantwortung für eine Verlobung auf den

Mann schieben, sondern muß sich von Gott Gewißheit erbitten und andernfalls „Nein" sagen. Sie sollte klare Grundsätze haben und auf keinen Fall nur aus Mitleid eine Verlobung eingehen.

Catherine Booth, die Frau des Gründers der Heilsarmee, hatte schon als junges Mädchen klare Vorstellungen über Verlobung und Heirat: Ihr Verlobter müsse nicht nur ein Kirchgänger, sondern auch ein wahrhaft bekehrtes Gotteskind sein. Außerdem dürfe es ihm nicht an Geistesgaben fehlen, „denn ich wußte, ich würde einen Toren nie richtig achten können." Dazu sollte er ein Arbeiter im Reich Gottes sein. Nachdem sie verheiratet war, konnte sie rückblickend sagen: „Gott hat in Seiner großen Freundlichkeit außer den genannten Haupterfordernissen auch meine kleinen Nebenwünsche erfüllt."[28]

Ich denke auch an eine junge Schwester, die ihr Leben dem Herrn übergeben hatte und Ihm dienen wollte. Natürlich blieb sie dabei ein Mädchen mit allen Träumen und Sehnsüchten. So bekannte sie uns einmal, ihr „Typ" sei ein großer, dunkelhaariger Mann.

Es dauerte nicht lange und es tauchte tatsächlich ein junger Mann auf, der genau ihren Vorstellungen entsprach und ein Auge auf sie warf. Dieser junge Mann war allerdings das, was man eine „Lusche" nennt, also jemand, der zwar gewohnheitsmäßig die Gemeindestunden besuchte, ansonsten aber ein recht oberflächliches Leben führte. In der Nachfolge Jesu hatte er jedenfalls keine praktische Erfahrung.

Wir gerieten bald in Sorge, weil wir sahen, daß er sehr hartnäckig Annäherungsversuche machte und wir die Konflikte spürten, die dadurch bei dem Mädchen ausgelöst wurden.

Es dauerte nicht lange, bis ein Brief bei der Schwester eintraf, in welchem der junge Mann – nennen wir ihn Christoph und sie Caroline – seine Empfindungen ihr gegenüber deutlich zu erkennen gab. Dieser Brief löste bei Caroline einen Sturm von Fragen aus, doch nachdem sie intensiv darüber gebetet hatte, schrieb sie folgenden Brief zurück:

Lieber Christoph,

je länger ich mir alles durch den Kopf gehen lasse, desto klarer wird mir, daß die Art, wie Du Dir unser Verhältnis vorstellst, ein Sichkennenlernen durch Briefe unter der Voraussetzung, daß Du schon in mich verliebt bist, nicht gut, d.h. auf die Dauer für beide Seiten nicht förderlich ist. Und Du weißt: was nicht fördert, hindert. Stillstand ist immer Rückgang – das ist ein Gesetz des christlichen Glaubens.

Ich habe nämlich Angst vor den Folgen unabhängigen Handelns gerade in solchen Dingen, zumal ich weiß, daß Er mir einen Auftrag gegeben hat, den ich damit evtl. blockieren könnte. Solange mir also nicht klar ist, daß Gott das ausdrücklich von mir wünscht und ich in aller Unvollkommenheit gerne Ihm dienen und Seinen Weg gehen möchte, würde ich sagen, daß wir gar nicht erst anfangen sollten, uns zu schreiben, denn wenn man es erst nach einiger Zeit abbricht, hinterläßt dies mit großer Wahrscheinlichkeit irgendwelche Narben.

Sicher wirst Du einwenden, daß dies bei Dir sowieso der Fall sein wird, aber ich glaube fest und werde auch dafür beten, daß Du dies überwindest. Er wird Dir dabei helfen.

Ich kann Dir nachfühlen, daß sowohl das Telefongespräch als auch der Brief ziemlich hart für Dich sind, und ich möchte Dich bitten, mir das nicht übel zu nehmen. Ich habe nur versucht, aufrichtig Stellung zu Deinem Brief zu nehmen und wollte Dich in keiner Weise verletzen.

Damit Dir die Sache nicht unangenehm ist, betrachten wir am besten, wie Du vorgeschlagen hast, Deinen Brief als ungeschrieben.

Caroline

Wie dieser Brief bei Christoph eingeschlagen hat, kann man sich denken. Die entschiedene Haltung von Caroline hatte aber zur Folge, daß Christoph über sein Leben nachdachte und sich der kümmerlichen Armut seines eigenen „Christseins" bewußt wurde. Als er mich in den folgenden Monaten besuchte, spürte ich etwas von seiner Suche nach neuen Maßstäben für sein Leben und gab ihm die beiden Bücher „Im Schatten des Allmächtigen" und „Wahre Jüngerschaft" zu lesen.

So langsam begriff Christoph, was es bedeutet, ein Nachfolger Jesu zu sein und er lernte nun den Herrn Jesus und Sein Wort zu lieben und zu schätzen. Er hatte einen neuen Lebensinhalt und ein neues Lebensziel bekommen und wurde uns ein wertvoller Mitarbeiter in der Arbeit an jungen Menschen.

Nachdem er etwa zehn Monate lang Zeit hatte, den Brief von Caroline zu überdenken und im Gebet zu erwägen, entschloß er sich zu folgender Antwort:

Liebe Caroline,

ich habe mich vor dem Herrn gefragt, ob es richtig ist, Dir diesen Brief zu schreiben, und soweit ich das mit meiner geringen Erfahrung beurteilen kann, denke ich, daß es nicht *gegen* Seinen Willen ist, wenn ich dies tue. Gerade in den letzten drei Monaten ist in mir die Gewißheit immer größer geworden, daß Du diejenige bist, die der Herr mir als meine Frau geben könnte. Ich merke das auch an der Freimütigkeit, die ich habe, Ihn jeden Tag darum zu bitten.

Wenn ich sage, daß ich Gewißheit darüber habe, so besteht die Gewißheit natürlich zuerst einmal nur in mir selbst und ist unabhängig davon, wie *Du* darüber denkst; und letzteres ist eben der Punkt, in dem ich noch ungewiß bin. Insofern ist also meine Gewißheit nicht so gewiß. Verzeih bitte meine komplizierte Ausdrucksweise.

Caroline, denke bitte nicht, ich wollte Dich zu einer Entscheidung zwingen – wenn ich das einmal versucht und Dich dadurch abgestoßen habe, so tut mir das noch sehr leid, aber ich habe auch daraus viel gelernt – aber ich fürchte etwas, daß das Überlegen und „Grämen" darüber, wie Du in dieser Angelegenheit denkst, dazu führen könnte, daß Er nicht mehr den gebührenden Platz in mir einnimmt.

Du bist, wie ich annehme, derselben Ansicht, daß es dem Herrn niemals wohlgefällig sein kann, wenn das

Interesse für einen Menschen oder eine Sache größer wird als für Ihn selbst und Er nicht mehr Mittelpunkt ist. Das ist nicht immer leicht, und deshalb könnte ich doch irgendwie freier sein für Ihn, wenn ich, was uns beide betrifft, Deine Gedanken wüßte oder Gewißheit hätte.

Wenn Du mir Antwort geben willst – auch wenn Du, was den Willen des Herrn angeht, noch keine Gewißheit darüber erlangt hast – wäre ich natürlich froh, aber ich weiß, daß der Herr mir auch die Geduld und Kraft zu weiterem Warten geben wird, falls ich keine Antwort von Dir bekäme. Auch im ersteren Fall brauchst Du nicht zu befürchten, daß ich dann unbedingt auf einem dauernden Briefwechsel bestehen würde, es sei denn, wir wären beide dazu bereit. Der Herr wird uns, falls es Sein Wille ist, in Seiner Liebe und Weisheit *dann* weiterführen, wenn *Er* es für richtig hält.

Ich bete für Dich und dafür, daß Du diesen Brief nicht falsch verstehst, durch ihn verletzt oder in Gewissensnöte und Schwierigkeiten gestürzt wirst, die Dein Leben und Deinen Dienst für den Herrn Jesus behindern würden.

Laß Dir bitte Zeit und zwing Dich nicht, aus Angst mich enttäuschen zu müssen, zu einer Entscheidung, von der Du selbst nicht aufrichtig überzeugt bist und von der Du nicht genau weißt, ob es der Wille des Herrn ist.

Christoph

Caroline, die aus diesem Brief herauslesen konnte, daß der Herr begonnen hatte, ihre Gebete für Christoph zu erhören, hielt es aber noch nicht für angebracht, ihre Empfindungen für Christoph sprechen zu lassen, sondern antwortete zunächst so:

Lieber Christoph,

glaub mir, ich habe mir die Sache nicht leicht gemacht und weiß, daß es schwer für Dich ist, keine Antwort zu bekommen.

Ich habe mich lange mit Deinem Brief auseinandergesetzt, und mir ist klar geworden, daß Deine Frage noch offenbleiben soll. Doch wenn Du meinst, es wäre gut für Dich, eine Antwort zu haben, dann wende Dich doch einfach an den Herrn Deines und meines Lebens. Er kann Dir wenigstens eine Antwort mit Garantie geben. Aus Deinem Brief geht ja auch hervor, daß Du schon ziemliche Gewißheit hast. Kann Dir das nicht genügen? Wenn Er uns füreinander bestimmt hat, wird Er uns auch füreinander „freihalten" und uns zu Seiner Zeit zusammenführen, damit wir Ihm gemeinsam dienen können.

Darf ich Dir noch etwas sagen, Christoph? Ich habe mich aufgrund einiger Bibelstellen (Kol. 2,18a; Ps. 106,15), die Gott mir auf Deinen Brief gab, gefragt – Frage ist jedoch noch offen – ob Du wirklich ehrlich vor Dir selbst bist. Ist Dein Motiv wirklich, frei für den Herrn zu werden, oder hast Du evtl. selbst nicht gemerkt, daß Du vielleicht das Gleiche jetzt auf „geistliche" Weise, mit „geistlichen" Argumenten erreichen willst?

Ich drücke mich einfach einmal so direkt und hart aus, denn ich möchte Dir gegenüber offen sein und Dir auch helfen. Es wäre mir schlimm, wenn durch mich wirklich der Herr in Deinem Leben zweitrangig würde, denn damit ist einem die Basis für das ganze Leben genommen.

Laß uns darum sicher gehen, indem wir Ihm gehorchen und Ihm vertrauen, dann werden wir nicht beschämt und enttäuscht werden!

Caroline

Nach zwei Monaten bekam Caroline die Gewißheit, daß Christoph der vom Herrn bestimmte Lebenspartner war und sie ihm dankbar und freudig ihr „Ja" geben konnte.

Die beiden haben sich also verlobt, ohne sich ein einziges Mal unter vier Augen gesehen und gesprochen zu haben. Inzwischen sind sie glücklich verheiratet und Eltern von einigen Kindern. Die Briefe haben sie mir für dieses Buch zur Verfügung gestellt und hoffen, daß der eine oder andere aus ihren Erfahrungen profitieren kann.

In Psalm 37,4 sagt David: „. . . *ergötze dich an dem Herrn, so wird er dir geben die Bitten deines Herzens.*"

Nur dann, wenn der Herr selbst unser Herz ausfüllt und wir in Ihm genug haben, wird Er uns die Bitten unseres Herzens geben, weil wir dann nur das von Ihm erbitten, was mit Seinem Willen übereinstimmt.

Gabi – so möchte ich sie nennen – wuchs in einem gläubigen Elternhaus auf und trug nach außen den Anstrich einer überzeugten Christin. In Wirklichkeit aber bedeutete ihr Christus und Seine Sache herzlich wenig und sie beschloß, da sie um der Familie und der Verwandten willen keinen offenen Ausbruch aus dem gewohnten Frömmigkeitsstil wagte, ein Doppelleben zu führen. In den Bibelstunden und beim Abendmahl war sie jedesmal dabei, aber ihr wirkliches Leben spielte sich woanders ab. Die Sehnsucht nach einem Lebenspartner war groß und sie blieb in dieser Frage durchaus nicht passiv. Selbst christliche Veranstaltungen wurden von ihr mit dem Ziel besucht, dort den Mann ihres Lebens zu ‚angeln'. Aber keiner ‚biß an'.

Doch eines Tages trat der Herr in ihr Leben. Sie lernte junge Christen kennen, die nach einem Leben in der Sünde und Gebundenheit frei wurden und nun fröhlich und freudig ihrem Heiland folgten. Durch diese Begegnung wurde sie innerlich zerbrochen und bekannte vor Gott und Menschen ihr sündiges Doppelleben und trat bewußt in die Nachfolge Jesu, um nun mit und für Ihn zu leben.

Nach einigen Monaten wurde sie zu einer Bibelkonferenz eingeladen, wo viele junge und auch ältere Christen für einige Tage zusammen waren, um Gottes Wort zu studieren. Wenn sie früher zu solchen Veranstaltungen gegangen war, dann nur mit entsprechenden Hintergedanken. Nun aber war es ihr Wunsch, allein um des Herrn und ihres eigenen geistlichen Lebens willen diese Zusammenkunft zu besuchen und sie erlebte zum ersten Mal, daß sie dort völlig frei von irgendwelchen zweifelhaften Gedanken war. Am Konferenzort angekommen, wurde sie von einem sehr freundlichen jungen Bruder, der für die Organisation der Konferenz mitverantwortlich war, zu ihrem Übernachtungsquartier gefahren.

Die Konferenz selbst war für Gabi ein großes Geschenk, denn das Wort Gottes redete deutlich zu ihr und sie war dankbar, endlich einmal ohne Nebenabsichten unter Christen zu sein.

Vierzehn Tage später bekam sie allerdings einen Brief von genau dem Bruder, der sie damals zum Quartier gefahren hatte. Das kurze Gespräch mit ihr auf der Fahrt und ihr Auftreten während der Konferenz hatte ihn stark beeindruckt und sehr ins Gebet getrieben. Nun bat er um ihre Hand und ich erinnere mich gut, wie Gabi völlig überrascht zu uns kam und sagte: „Komisch, früher bin ich zu solchen Veranstaltungen gefahren der Jungen wegen, ohne daß sich mein Wunsch erfüllte. Jetzt bin ich zum ersten Mal um des Herrn selbst willen zur Konferenz gefahren. Und nun kommt plötzlich solch ein Brief . . .“

Die beiden sind inzwischen auch verheiratet und setzen ihre freie Zeit ein, um unter jungen Menschen für den Herrn zu arbeiten.

Diese Beispiele machen deutlich, daß der Herr Jesus dann, wenn Er Mittelpunkt und Herr unseres Lebens ist, auch für alles andere sorgt. Dann wird Er uns die Bitten unseres Herzens schenken, weil sie Seinem Willen entsprechen. Dann werden wir – ob verheiratet oder ledig – erfüllt und glücklich sein, weil Er selbst unsere größte Freude und unser Glück ist.

„Wen habe ich im Himmel? und neben dir habe ich an nichts Lust auf der Erde“ (Ps. 73,25).

Im Schatten des Kreuzes

In Jim Elliots Tagebuch, welches seine Frau Betty nach seinem Tode herausgegeben und kommentiert hat, gibt es eine sehr eindrückliche Stelle, die ich allen Verlobten und Verheirateten zur Selbstprüfung empfehlen möchte.

Dort wird von einem Spaziergang berichtet, auf welchem sie sich zum ersten Mal ihre Liebe zueinander gestanden haben:

„Kaum darauf achtend, in welche Richtung wir gingen, traten wir durch ein offenes Gittertor und fanden uns auf einem Friedhof. Wir setzten uns auf eine Steinplatte, und Jim erklärte, er habe mich Gott dargegeben, ungefähr wie Abraham seinen Sohn Isaak. Ich erschrak – denn genau das gleiche Bild hatte mir seit einigen Tagen immer vorgeschwebt, wenn ich über unsere Beziehung nachgedacht hatte. Wir waren beide einer Ansicht, daß unser Weg von Gott bestimmt wurde. Unser beider Leben gehörte gänzlich ihm, und wenn es ihm gefiele, das ‚Opfer' anzunehmen und zu brauchen, so wollten wir nicht die Hand darauf legen, um es zurückzuziehen und für uns selber zu behalten. Mehr war nicht dazu zu sagen.

Wir saßen und schwiegen. Plötzlich wurden wir gewahr – in unserem Rücken war der Mond aufgegangen –, daß zwischen uns der Schatten eines großen Steinkreuzes lag.

Das Datum dieses Abends ist in Jims Gesangbuch vermerkt, es steht neben dem folgenden Liedvers:

‚Und willst Du wirklich, daß ich nun verzichte
auf jenes Eine, das mir köstlich schien – so nimm es hin!
Es war ja noch nicht mein! – Ich lasse Dir ja nur, was längst schön Dein!
Dein Will' gescheh!'“[29]

Gott schenke, daß eine Generation von Christen heranwächst, deren Beziehungen als Verlobte und Verheiratete zueinander vom Kreuz Christi bestimmt werden. Die Konsequenz daraus wird das Wissen sein:

Meine Frau gehört zuerst einmal dem Herrn. Er hat sie mit einer Liebe geliebt, die mit meiner Liebe nicht vergleichbar ist. Er hat für sie den Preis Seines eigenen Lebens gezahlt, sie mit Seinem eigenen Blut erkauft und hat daher ein Recht auf ihre erste Liebe.

Aber das Kreuz trennt nicht nur, sondern es verbindet auch. Unser beider Leben gehört Ihm und soll Ihm geweiht sein, so daß eine Person die Mitte und der Inhalt unseres gemeinsamen Lebens ist.

J. N. Darby hat treffend ausgedrückt: „*Völlige Hingabe an Christus ist das stärkste Band zwischen menschlichen Herzen.*“

Gibt es etwas Schöneres als mit diesem Bewußtsein verlobt und verheiratet zu sein? Wir wissen uns mit einer unbegreiflichen Liebe von Gott geliebt (1. Joh. 3,1), wir lieben Ihn, weil Er uns zuerst geliebt hat (1. Joh. 4,19), und diese Liebe ist der Maßstab und die Kraftquelle für unsere Liebe zueinander.

„. . . *Wandelt in Liebe, gleichwie auch der Christus uns geliebt und sich selbst für uns hingegeben hat, als Dar-*

bringung und Schlachtopfer, Gott zu einem duftenden Wohlgeruch" (Eph. 5,2).

Also nicht die Selbstliebe, sondern die Liebe Gottes verpflichtet und befähigt uns, einander selbstlos zu lieben. Die wichtigste Voraussetzung für eine glückliche und gesegnete Ehe ist daher die ungetrübte Gemeinschaft der Eheleute mit dem Herrn. Diese Gemeinschaft muß von Mann und Frau persönlich gepflegt werden. Niemals sollte das gemeinsame Gebet auf Kosten des persönlichen Umganges mit dem Herrn praktiziert werden. Da, wo ein Ehepartner geistlich aus „zweiter Hand" lebt, stimmt etwas nicht. Welch eine Tragik, wenn eine Mutter ihren Kindern kein persönliches Glaubensleben vorleben kann, sondern glaubt, daß der Mann und Vater für geistliche Belange allein zuständig ist.

Welch ein Segen sind andererseits Mütter, die vor und mit dem Herrn leben, wie z. B. Mutter Busch, die nach dem frühen Heimgang ihres Mannes, der ein treuer Zeuge Jesu war, ihren acht Kindern eine unauslöschliche Prägung vermittelt hat.

Einer ihrer Söhne, der bekannte Pfarrer und Evangelist Wilhelm Busch, sagte einmal: „Daß aus uns Kindern etwas geworden ist, ja, daß unbegreiflicherweise auch alle Schwäger, Schwägerinnen und Enkel den gleichen Weg mit Jesus mitziehen, verdanken wir wohl allein ihren unablässigen Gebeten."

Und der jüngere Sohn Johannes Busch bekannte in einer Ansprache zum 80. Geburtstag der Mutter: „ Du lehrtest uns, daß in der Nähe Jesu immer Freude ist. Ich könnte Geschichte an Geschichte anreihen, und eine immer schöner als die andere, und doch wären alle auf den Ton gestimmt, daß man nicht verzweifeln muß, wenn man einen Heiland hat."[30]

Auf diese Familie traf zu, was Spitta in dem bekannten Lied ausgedrückt hat:

O selig Haus, wo Mann und Frau in einer,
in deiner Liebe eines Geistes sind,
als beide eines Heils gewürdigt, keiner
im Glaubensgrunde anders ist gesinnt;
wo beide unzertrennbar an dir hangen
in Lieb und Leid, Gemach und Ungemach,
und nur bei dir zu bleiben stets verlangen,
an jedem guten wie am bösen Tag.

Der originelle und geniale Zinzendorf hat vor etwa 250 Jahren den Begriff der „Streiterehe" geprägt. Er selbst verstand seine Ehe so. Als Verlobter schrieb er seiner Braut: „Ich liebe Ew. Liebden von ganzem Herzen und Innigsten meiner Seele, aber den Herrn Jesus liebe ich noch viel mehr." „Christus ist mein Bräutigam so gut als der Ihre . . ." Seine Braut Erdmuthe hätte diese Worte ebenso aussprechen können. Der Biograph Zinzendorfs, E. Beyreuther, schreibt dazu: „Ihre Gemeinschaft gründete sich auf die biblische Auffassung der Ehe als gleichnisartige Abbildung der tiefsten Gemeinschaft mit Christus nach dem Wort aus Eph. 5. Nicht der Eros, der erkalten kann, nicht das Versprechen menschlicher Treue, sondern diese christozentrische Glaubenseinheit war das Fundament ihrer Ehe."[31]

Auch Charles Studd wußte sich bei aller Liebe zu Priscilla zuerst seinem Herrn verpflichtet. Deshalb schrieb er ihr kurz nach der Verlobung: „Laß uns beide jeden Tag dieselbe Bitte an unseren Vater im Himmel richten: daß wir, der eine den anderen, jeden einzelnen Tag unseres Lebens Jesu hingeben, mögen wir getrennt sein, oder nicht, und daß keiner von uns den anderen zu seinem Götzen macht."[32]

In Luk. 14, 26-27 lesen wir die für uns manchmal sehr hart und unbegreiflich scheinenden Worte des Herrn:

„Wenn jemand zu mir kommt und haßt nicht seinen Vater und seine Mutter und seine Frau und seine Kinder und seine Brüder und Schwestern, dazu aber auch sein eigenes Leben, der kann nicht mein Jünger sein."

In diesen Worten des Herrn finden wir die Bedingungen für die Nachfolge und Jüngerschaft. Die größten Gefahren sieht der Herr offensichtlich in unseren Beziehungen zu denen, die uns am nächsten stehen, die uns am teuersten sind. Wenn Frau und Kinder oder irgendein nahestehender Mensch uns in der konsequenten Nachfolge im Wege stehen, wenn wir sie mehr lieben als den Herrn, sind wir Seiner nicht würdig (vgl. Matth. 10,37).

In den Versen vorher geht es um die Einladung zum großen Abendmahl. Dort lesen wir von einigen Geladenen, daß sie sich mit dem Argument entschuldigen:

„Ich habe eine Frau geheiratet und darum kann ich nicht kommen" (Luk. 14,20).

Leider hören wir diese Entschuldigung auch oft von solchen, die gerufen sind, in der Erntearbeit des Herrn mitzuarbeiten. Und dann kann die Haltung zu Frau und Familie so fleischlich sein, daß der Herr uns auffordert, sie um Seinetwillen zu hassen.

Kierkegaard hat die Forderung des Herrn einmal so ausgelegt:

„Christus nachzufolgen bedeutet, sich selbst zu verleugnen, und bedeutet also, den gleichen Weg zu gehen, den Christus in der geringen Gestalt eines Knechts ging, Not leidend, verlassen, verspottet, die Welt nicht liebend, und nicht von ihr geliebt. Und es bedeutet also, allein zu gehen, denn einer, der in Selbstverleugnung Verzicht tut auf die Welt und alles, was der Welt zugehört, der jedem Verhältnis entsagt, welches sonst lockt und bindet, einer, der, falls es notwendig ist, zwar Vater und Mutter, Schwester und Bruder nicht weniger liebt als vorher, aber Christus dergestalt mehr liebt, daß man von ihm sagen kann, er hasse jene.“[33]

Der Verfasser von „Wahre Jüngerschaft“, William MacDonald, schreibt in eben diesem Buch:

„Manch ein vielversprechender Pionier hat den Weg des ungeteilten Dienstes für Christus am Traualtar verwirkt.“

Und weiter zitiert er W. L. Gustavson:

„Die Ehe ist von Gott gegeben. Wird sie aber zum Hindernis für Gottes Willen, wird sie mißbraucht. Wir könnten viele nennen – Männer und Frauen –, die einen klaren Ruf für das Missionsfeld hatten und niemals dort eintrafen, weil Gefährten sie zurückhielten. Nichts – nicht einmal der von Gott geschenkte Segen eines Lebensgefährten – darf Gottes Absichten für das Leben eines Menschen hindern. Es

sterben heute Seelen ohne Christus, weil geliebte Menschen den Vorrang vor Gottes Willen erhielten.“[34]

Doch der Herr spricht nicht nur die Haltung zu unseren Angehörigen an, sondern auch unsere Selbstliebe. *„. . . dazu aber auch sein eigenes Leben.“ „Wer sein Leben liebt, wird es verlieren“* (Joh. 12,25).

Ich begreife nicht, wie man diese unmißverständlichen Worte mit den heute oft gepredigten Vorstellungen von „Selbstliebe“ und „Selbstverwirklichung“ in Einklang bringen will. „Eigenliebe“ wird übrigens in 2. Tim. 3,2 als erstes Kennzeichen des Menschen der Endzeit genannt.

Immer noch gilt das Wort des Herrn: *„Wenn jemand mir nachkommen will, der verleugne sich selbst und nehme sein Kreuz auf täglich und folge mir nach“* (Luk. 9,23).

Wenn ich begriffen habe, was mein Herr auf dem Kreuz erduldet und gelitten hat, dann fällt es mir nicht mehr schwer, mein Kreuz aufzunehmen, d.h. die Verachtung und Verwerfung von seiten der Welt mit dem Herrn Jesus zu teilen. Von einer Welt, die meinen Heiland und Herrn auf die abscheulichste Weise umgebracht hat, erwarte ich keine Komplimente, es sei denn, daß ich ein Judas geworden bin. Sie wird mich hassen, so wie sie Ihn gehaßt hat. Sie hat mir auch nichts mehr zu bieten und es gibt keine Gemeinsamkeiten mehr, die mich mit ihr verbinden. Ich bin der Welt gekreuzigt und die Welt ist mir gekreuzigt (Gal. 6,14). Das Kreuz bestimmt mein Verhältnis zur Welt, aber auch zu meinen Angehörigen und zu meinem eigenen Leben.

„Ich bin mit Christus gekreuzigt!' (Gal. 2,20). Wer je mit diesem Apostel dieser Kreuzesschau gefolgt ist, dessen Leben ist auf die andere Seite gekommen. Nie wird er mehr lachen können, wie er vorher gelacht hat. Er weiß sich einem Geschlechte zugehörig, um dessen Sünde willen der Sohn Gottes ans Kreuz hingegeben werden mußte. Er sieht die Menschen und die Welt anders an. Er sieht sie an, wie Gott sie im Zeichen des Kreuzes ansieht, nämlich zunächst durchstrichen, entwertet, gerichtet. Er hat nicht mehr lieb die Welt und was in der Welt ist. Er weiß nun, was die Bibel meint, wenn sie vom ‚Fleisch' redet. Kein Zauber und keine Anmut dieses Fleisches fangen mehr bei ihm. Er sieht in der Lust dieser Welt den schmachvollen Gegensatz zum unaussprechlichen Ernst des Kreuzes. Er haßt Vater, Mutter, Frau, Kinder, Brüder, Schwestern (Luk. 14,26) mit göttlichem Haß. Dieser Haß ist frei von menschlicher Bosheit; er ist nichts anderes als die schmerzliche Abkehr von der Unzulänglichkeit alles Geschöpflichen, dessen sündiges Fleisch Gott im Fleische Seines Sohnes am Kreuze verdammen mußte (Röm. 8,3). Noch ganz besonders haßt er aber sein eigenes Leben. Nie mehr wagt er die Augen wie früher zu sich selber zu erheben. Die Ichherrlichkeit ist dahin. Wer sich wirklich mit Christus am Kreuz gesehen, dem ist das Kreuz in alle Sinne und Glieder gefahren. Jede selbstgefällige Leichtbeweglichkeit ist ihm genommen. Er kann nicht mehr tun, was sein natürliches Wesen will. Er erscheint wie ein Angehefteter, wie ein Angenagelter, wie ein von Gott Überwundener, Festgehaltener und Abgesonderter. Das macht, er sieht die Welt und sich selbst mit

Christus gekreuzigt, und die Welt sieht ihn gekreuzigt (Gal. 6,14). Gleichwie der Leib des Auferstandenen doch noch die Wundmale zeigte, so zeigen sich die Kreuzesspuren im Wesen eines jeden, der sich mit Christus gekreuzigt weiß."[35] (Fritz Binde)

Wenn in der alten Welt die Gladiatoren in vollem Waffenschmuck in die riesigen Amphitheater einmarschierten, um ihren Kampf auf Leben und Tod anzutreten, dann machten sie vor der kaiserlichen Loge halt, erhoben ihren Arm zum Gruß und riefen:

„Ave, Caesar, morituri te salutant!" – „Heil dir, Kaiser, die da sterben werden, grüßen dich!"

Ich denke, daß diese Szene ein treffendes Bild für die Nachfolge Jesu ist. Wenn Menschen bereit waren, für einen grausamen Herrscher zu sterben, welcher sich innerlich unbeteiligt an einem blutigen Schauspiel ergötzte, wieviel mehr sollten unsere Herzen willig sein, für unseren Herrn, der diesen Weg der Selbstverleugnung bis zum qualvollen Tod am Kreuz vorangegangen ist, zu leben und zu sterben. In Seiner Nachfolge stehen wir und zu Seiner Ehre dürfen wir die Kampfbahn des Glaubens betreten.

Welch ein Geschenk, wenn Braut und Bräutigam, Mann und Frau in einer solchen Gesinnung, durch das Kreuz Christi verbunden und doch auch durch dasselbe getrennt, gemeinsam diesen guten Kampf des Glaubens kämpfen.

„Selbstliebe“ im Licht der Bibel

In den letzten Jahren sind auch auf dem evangelikalen Büchermarkt eine Anzahl Bücher erschienen, in denen „Selbstliebe“ und „Selbstannahme“ als eine wesentliche Voraussetzung zur Selbstverleugnung, Nächstenliebe und Gottesliebe gepredigt wird.

Inzwischen haben diese Thesen derart das Bewußtsein vieler Christen durchdrungen, daß man selten etwas über Selbstverleugnung und Hingabe sagen kann, ohne daß sich sofort Stimmen zu Wort melden, die einwenden: „Ja, aber es steht doch in der Bibel, daß man sich *selbst* lieben muß, um den Nächsten lieben zu können. Man muß sich selbst erst einmal angenommen haben, bevor man sich verleugnen kann!“

Zitiert wird dann gewöhnlich das Gebot der Nächstenliebe aus 3. Mose 19,18, das auch im NT an einigen Stellen zitiert wird (Mark. 12,31; Luk. 10,27; Röm. 13,9; Gal. 5,14; Jak. 2,18): *„. . . und sollst deinen Nächsten lieben wie dich selbst.“*

Dr. John Stott trifft die Sache ziemlich genau, wenn er schreibt, daß *„ein vielstimmiger Chor heute einstimmig singt, daß ich mich um jeden Preis selbst lieben muß; daß Selbstliebe, als ein Gebot, das am meisten vernachlässigt wird, der Liebe zu Gott und dem Nächsten hinzugefügt werden muß und daß mich bei meiner Weigerung schreckliche Folgen überfallen werden: Frustration, Depression, Feindschaft, Trägheit und vieles mehr.“*[36]

Es geht mir jetzt nicht darum, den humanistischen Hintergrund der Thesen über Selbstliebe deutlich zu machen, dazu fehlt mir die Fachkenntnis; ich möchte nur einige dieser Behauptungen anhand der Bibel überprüfen.

1. Ist „Selbstliebe“ die Voraussetzung, Gott und den Nächsten lieben zu können?

„Es fällt uns so schwer, den anderen zu lieben, weil wir uns selbst nicht genug lieben.“[37]

Zuerst ist einmal festzustellen, daß der Begriff „Selbstliebe“ in der Bibel nicht zu finden ist. Wohl lesen wir dort das Eigenschaftswort „eigenliebig“ in 2. Tim. 3,2, aber dort wird es negativ als ein Kennzeichen des gottlosen Menschen gebraucht: „. . . *denn die Menschen werden eigenliebig sein.*“

Dagegen spricht die Bibel sehr deutlich und oft von Selbstverleugnung und erhebt sie zu einer Bedingung für die Jüngerschaft.

Ebensowenig finden wir in der Bibel eine Anweisung, daß wir unser *Ich* oder *Selbst* bejahen oder verwirklichen sollen.

„Wir aber, die Starken, sind schuldig, die Schwachheiten der Schwachen zu tragen und nicht uns selbst zu gefallen. Ein jeder von uns gefalle dem Nächsten zum Guten, zur Erbauung. Denn auch der Christus hat nicht sich selbst gefallen“ (Römer 15,1-2).

„Und er ist für alle gestorben, auf daß die, welche leben, nicht mehr sich selbst leben, sondern dem, der für sie

gestorben ist" (2. Kor. 5,15).

Wenn Selbstliebe tatsächlich die Voraussetzung wäre, Gott und Menschen lieben zu können, dann würde man die eindeutige Lehre der Bibel von der völligen Verdorbenheit des Menschen leugnen und damit lehren, daß diese Liebe eine Eigenleistung ist, oder zumindest an die Selbstliebe anknüpft.

Das Menschenbild der Bibel sieht aber anders aus. Der Mensch ist:

- tot in Sünden und Übertretungen (Eph. 2,1)
- unfähig Gott zu suchen und Gutes zu tun (Röm. 3,11-12)
- ein Feind Gottes (Röm. 5,10)
- böse, verhaßt und andere hassend (Titus 3,3)

2. Gibt es eine angeborene Selbstliebe?

„Es gibt keine angeborene Selbstliebe des Menschen, keiner liebt von Natur aus sich selbst. Selbstliebe wird entweder erworben oder nicht. Wer sie nicht erwirbt oder nur ungenügend erwirbt, ist unfähig oder nur ungenügend fähig, die anderen zu lieben. Er ist dann auch nicht fähig, Gott wirklich zu lieben."[38]

Die Bibel lehrt eindeutig, daß der Mensch von Natur aus völlig egoistisch und selbstliebend ist und daß nur die Gnade Gottes durch das neue Leben (Wiedergeburt) ihn befähigt, diese Eigenschaften des alten Menschen im Tode zu halten.

Darum halte ich es für eine unverantwortliche Akzentverschiebung, wenn man sagt, daß man sich selbst lieben muß, um andere lieben zu können.

Gott setzt voraus, daß wir eine tief egoistische Lebenshaltung haben und fordert uns auf, eben nicht uns selbst, sondern Gott und den Nächsten zum Mittelpunkt unserer Liebe zu machen. Diese Forderung kann aber der unerlöste Mensch ebensowenig erfüllen wie die übrigen Gebote Gottes.

Nur auf den wiedergeborenen Menschen trifft zu, was in Römer 14,7-8 steht:

„Denn keiner von uns lebt sich selbst, und keiner stirbt sich selbst. Denn sei es daß wir leben, wir leben dem Herrn; sei es daß wir sterben, wir sterben dem Herrn. Sei es nun daß wir leben, sei es daß wir sterben, wir sind des Herrn."

Der Maßstab für unsere Liebe wird übrigens im NT erweitert. Das neue Gebot lautet, einander zu lieben, *wie Christus* uns geliebt hat.

„Ein neues Gebot gebe ich euch, daß ihr einander liebet, auf daß, gleichwie ich euch geliebt habe, auch ihr einander liebet" (Joh. 13,34).

„Wir lieben, weil er uns zuerst geliebt hat" (1. Joh. 4,19).

„Seid nun Nachahmer Gottes, als geliebte Kinder, und wandelt in Liebe, gleichwie auch der Christus uns geliebt und sich selbst für uns hingegeben hat . . ." (Eph. 5,1).

Diese Liebe ist nicht ein erlerntes, eingeübtes Produkt des Menschen, sondern sie wird uns mit der Wiedergeburt geschenkt.

„Denn die Liebe Gottes ist ausgegossen in unsere Herzen durch den Heiligen Geist, welcher uns gegeben worden ist" (Röm. 5,5).

3. Gibt es „selbstlose Selbstliebe"?

„Wer sich selbst nicht liebt, ist ein Egoist."[39]

Ich muß gestehen, daß ich mir unter „selbstloser Selbstliebe" ebensowenig vorstellen kann wie unter „gottloser Gottesliebe" oder „gerechter Ungerechtigkeit."

Selbstlosigkeit beinhaltet doch gerade, daß ich los bin von meinem „Selbst", mein „Ich" verleugne oder vergesse, weder hoch noch gering von mir denke, sondern gar nicht an mich denke und Christus und Seine Sache zum Mittelpunkt und Inhalt meines Denkens und Lebens mache.

„Denn das Leben ist für mich Christus" (Phil. 1,21).

„Er muß wachsen, ich aber abnehmen" (Joh. 3,30).

Wenn das im Leben eines Menschen Wirklichkeit geworden ist, wenn Christus für ihn „das Leben" geworden ist, dann lösen sich auch Probleme die dadurch entstehen, daß jemand mit seinem Aussehen oder anderen äußerlichen Dingen nicht klarkommt. Sind nicht Minderwertigkeitskomplexe auch eine versteckte Form von Egoismus? Was macht einen Menschen schön und anziehend, wenn nicht das, was die Gnade Gottes an Christusähnlichkeit in ihm wirken konnte?

„Wir haben aber diesen Schatz in irdenen Gefäßen, auf daß die Überschwenglichkeit der Kraft sei Gottes und nicht aus uns" (2. Kor. 4,7).

Das „irdene Gefäß", ob nach menschlichen Begriffen schön oder weniger schön, wird dadurch wertvoll, daß es den „Schatz" enthält. Und so ist ein brennendes und ungeteiltes Herz für den Herrn und Sein Volk das beste „Heilmittel“ gegen jede Art von Minderwertigkeitskomplexen und Depressionen.

Gebe Gott, daß wir alle mit tiefer Freude und Dankbarkeit bekennen können:

„Ich bin mit Christus gekreuzigt, und nicht mehr lebe ich, sondern Christus lebt in mir; was ich aber jetzt lebe im Fleische, lebe ich durch den Glauben, durch den an den Sohn Gottes, der mich geliebt und sich selbst für mich hingegeben hat“ (Gal. 2,20).

Gnade

„Ich gehe zurück zu den Schweinen!“

Diese bittere Nachricht hinterließ uns ein junges Mädchen, das wir für einige Monate in unsere Familie aufgenommen hatten. Sie kam einen Tag nach ihrer Bekehrung zu uns. Ein Freund von uns wurde auf sie aufmerksam, als er eines Nachts nach Hause fuhr, und es stellte sich heraus, daß sie auf dem Weg war, sich das Leben zu nehmen. In derselben Nacht erkannte sie ihre Schuld, aber auch den Weg zu einem neuen Leben. Obwohl sie erst fünfzehn Jahre alt war, hatte sie schon Fürchterliches erlebt. Wie froh und dankbar war sie, daß sie die Vergebung ihrer Sünden erfahren durfte und nun ein neues Lebensziel vor Augen hatte.

Nach ihrer Bekehrung veränderte sich ihr Leben in jeder Beziehung. Mit großer Freude las sie in der Bibel und begriff sehr schnell die Zusammenhänge. Sie hatte eine tiefe Liebe zu ihrem Erlöser und bekannte sich offen zu Ihm, so daß sie vielen jungen Christen zum Vorbild wurde. Meine Frau und ich hatten große Freude an ihr und sie war uns wie ein eigenes Kind ans Herz gewachsen.

Doch eines Tages war sie verschwunden, um nicht wiederzukehren. Sie wollte wieder zurück in ihr altes Leben, zu den „Schweinen“, weil sie mit einigen Dingen in ihrem Leben nicht fertig wurde. Sie wollte nicht den Glauben an den Herrn Jesus über Bord werfen, aber sie war an sich selbst verzweifelt und glaubte, daß sie mit ihrer Vergangenheit wohl nie eine treue Christin werden könnte.

Ich hatte den Fehler gemacht und ihr in einem Gespräch angedeutet, daß es sexuelle Sünden gibt, die Spuren für das ganze Leben hinterlassen. Leider hatte ich versäumt, ihr gleichzeitig deutlich zu machen, daß die Gnade Gottes auch eine Maria Magdalena und andere Frauen mit einer sündigen Vergangenheit zu treuen Jüngerinnen Jesu machte, und dieses Versäumnis hatte schlimme Folgen.

Diese für uns sehr schmerzliche Erfahrung drängt mich, am Schluß dieses Buches deutlich zu bezeugen, daß der Herr uns von allen Sünden der Vergangenheit völlig reinigen kann. Sowohl für solche, die vor ihrer Bekehrung in schlimmen sexuellen Sünden gelebt haben, als auch für solche, die nach ihrer Bekehrung in abscheuliche Sünden gefallen sind, gibt es eine völlige Wiederherstellung.

Auch das eherne Gesetz von Saat und Ernte (Gal. 6,7-8) kann durch die Gnade Gottes aufgehoben werden, wenn eine tiefe Buße und gründliche Reinigung stattfindet. Wenn auch Narben bleiben und Gott die Erinnerung an die dunklen Wege unter Umständen benutzen wird, um vor Hochmut und vor Gleichgültigkeit Seiner unverdienten Gnade gegenüber zu bewahren, ist doch die Vergebung eine völlige und so kann gerade die Erinnerung an die Vergangenheit ein Ansporn sein, um so treuer und entschiedener die verbliebene Zeit für den Herrn zu leben.

Ich bin sehr dankbar, daß ich viele Geschwister kenne,

die vor ihrer Bekehrung in allen möglichen sexuellen Sünden verstrickt waren, aber nun befreit sind und mit Hingabe dem Herrn dienen.

Es ist ein großer Trost, daß selbst in dem Geschlechtsregister des Herrn Menschen wie Juda, Tamar, David und Bathseba aufgezählt werden, die alle leuchtende Denkmäler der wunderbaren Gnade Gottes sind.

Die Geschichte von Juda finde ich besonders eindrucksvoll, weil sie deutlich macht, wie ein egoistischer, selbstgerechter und triebhafter Mann so sehr verändert werden kann, daß man meint, ihn nach seiner Umkehr nicht mehr wiedererkennen zu können.

Judas Charakter lernen wir zuerst in 1. Mose 37 kennen, als er seinen Brüdern den Vorschlag macht, Joseph nicht zu töten, sondern zu verkaufen. Er verschloß seine Augen vor der Not seines Bruders, so daß er zum Vorbild des Judas wurde, der den Herrn Jesus Jahrtausende später für dreißig Silberlinge verraten würde.

In 1. Mose 38 wird die Geschichte Josephs unterbrochen, um einen langen, dunklen Zeitraum aus dem Leben Judas zu schildern. Es begann damit, daß Juda seine Brüder verließ, um mit Hira von Adullam Freundschaft zu schließen. Wie oft ist eine Freundschaft mit jemandem, der nicht zum Volk Gottes gehört, der Anfang eines geistlichen Rückganges gewesen. In der Gesellschaft Hiras lernte er auch die Tochter Schuas, eines Kanaaniters, kennen, die er dann auch zur Frau nahm. Sie gebar ihm drei Söhne: Gher, Onan und Schela. Von den ersten beiden Söhnen lesen wir, daß Gott sie tötete, weil sie böse waren.

Tamar, die Frau Ghers, war nun eine kinderlose Witwe. Ihr Schwiegervater Juda riet ihr, solange Witwe zu bleiben, bis sein jüngster Sohn Schela alt genug war, um ihr die damals vorgeschriebene Schwagerpflicht zu leisten. Als aber Tamar nach Jahren erkannte, daß Juda nicht Wort hielt, erdachte sie sich einen finsteren Plan, um auf keinen Fall ohne Nachkommen zu bleiben.

Inzwischen war die Frau des Juda gestorben. Er mußte also bitter erfahren, daß die Freundschaft mit der Welt ihm nur Verderben und Tod gebracht hatte.

„Irret euch nicht, Gott läßt sich nicht spotten! Denn was irgend ein Mensch sät, das wird er auch ernten. Denn wer für sein eigenes Fleisch sät, wird von dem Fleische Verderben ernten“ (Gal. 6,7-8).

Tamar kannte scheinbar den Lebensstil und die Gepflogenheiten ihres Schwiegervaters recht gut, denn nachdem er die Trauer um seine Frau beendet hatte, verkleidete sie sich als Hure und stellte sich an einen Ort von dem sie wußte, daß Juda dort vorbeikommen würde. Die Berechnung Tamars ging genau auf: Juda hielt sie tatsächlich für eine Hure und die unbeherrschte Lust in ihm veranlaßte ihn, ihr ein „Ziegenböcklein“ als Hurenlohn zu bieten. Aber Tamar verlangte ein genau beschriebenes Pfand: den Siegelring, die Schnur und den Stab. Juda willigte ein „und sie ward schwanger von ihm!“

Als er später seinen Freund Hira losschickte, um ein Ziegenböcklein gegen das Pfand einzutauschen, war die „Hure“ nicht mehr aufzufinden. Juda hatte seinen Siegelring, die Schnur und den Stab verloren.

Ich bin davon überzeugt, daß jede sexuelle Sünde ein

„Pfand“ von dem Menschen fordert. Hurerei muß immer sehr teuer bezahlt werden.

„Wer mit einer Frau Ehebruch begeht, ist unsinnig; wer seine Seele verderben will, der tue solches. Plage und Schande wird er finden, und seine Schmach wird nicht ausgelöscht werden“ (Sprüche 6,32-33; vgl. auch 5,3-10; 6,29; 7,27).

Ein Christ, der in solche Sünden fällt, wird auf jeden Fall den Siegelring, ein Bild der Treue, der Freude und Gewißheit des Heils, und den Stab, ein Bild der Würde und das Zeichen der Fremdlingschaft, verlieren.

Nach drei Monaten drang die Nachricht an Judas Ohr: „Tamar ist schwanger von Hurerei.“

Juda tobte und empörte sich darüber, daß so etwas in seiner Familie vorkommen konnte und befahl, diese entsetzliche Sünde ohne Ansehen der Person sofort in aller Öffentlichkeit zu richten: „Führt sie hinaus, daß sie verbrannt werde!“

Wir finden oft in der Bibel und in der Geschichte der Kirche, daß Männer, die scheinbar sehr für die Ehre und Rechte des Herrn eifern, indem sie sehr schnelle und harte Urteile über ihre Mitmenschen aussprechen, selbst in diesen Sünden leben und manchmal sogar Ursache dieser Sünden waren. Wer sein eigenes Herz kennt, wird nicht so schnell den Stab über seine Mitgeschwister brechen, die in Sünde gefallen sind.

Juda in seiner Verblendung wollte vielleicht durch dieses Urteil den Schein einer moralischen Integrität vortäuschen, so wie wir auch oft unser eigenes Ansehen aufwerten wollen, indem wir andere verurteilen.

Aber es dauerte nicht lange, bis dem Juda die Maske der Heuchelei vom Gesicht gerissen wurde. Als man Tamar zur Verbrennung hinausführte, ließ sie ihrem scheinheiligen Schwiegervater den Ring, die Schnur und den Stab mit folgenden Begleitworten bringen: „Von dem Mann, dem dieses gehört, bin ich schwanger."

Und dann lesen wir die kurzen, aber inhaltsschweren Worte: „ Und Juda erkannte es und sprach: Sie ist gerechter als ich."

Das Holz blieb unangezündet, Tamar wurde nicht verbrannt, weil Juda plötzlich seine eigene Verdorbenheit erkannte und er nur noch das Todesurteil über sich selbst aussprechen konnte.

Ich habe den Eindruck, daß an dieser Stelle Juda seine Bekehrung erlebt hat. Mit diesem Bekenntnis und dieser Selbsterkenntnis bekam er das Pfand zurück: den Siegelring, die Schnur und den Stab.

Von Tamar lesen wir nur noch, daß sie Zwillinge gebar, wovon Perez in dem Geschlechtsregister des Herrn Jesus erwähnt wird. Um Juda ist es zunächst in den folgenden Kapiteln still, aber dann wird deutlich, daß sich in Judas Leben etwas Grundsätzliches geändert hat: Er bietet sich als Bürge für seinen jüngsten Bruder Benjamin an. Es ist ergreifend zu lesen, wie er sich zum Sprecher seiner Brüder macht, das Schuldbekenntnis vor Joseph ausspricht und bereit ist, die Bürgschaft einzulösen. Dieser bisher so selbstsüchtige Mann wollte Sklave in Ägypten werden, wenn nur sein jüngster Bruder Benjamin zu seinem alten Vater Jakob zurückkehren konnte.

Wie mächtig hat Gott an Juda gearbeitet, daß er in dieser Geschichte sogar ein Hinweis auf den Herrn Jesus wird, der auf Golgatha Bürge für uns geworden ist, damit uns der Weg zum Vater gebahnt wurde.

Vielleicht gibt uns der Segen Jakobs einen Hinweis, wie diese Veränderung zustande kam. Dort sagt Jakob über Juda: *„Er wäscht im Wein sein Kleid und im Blut der Trauben sein Gewand“* (1. Mose 49,11).

Seine schmutzige Vergangenheit wurde durch „das Blut der Trauben“ ausgelöscht. Er hatte Vergebung erfahren und war nun kein Sklave der Lust mehr, sondern bekam die Verheißung:

„Nicht weichen wird das Szepter von Juda, noch der Herrscherstab zwischen seinen Füßen hinweg, bis Schilo (der ‚Friedenschaffende') kommt, und ihm werden die Völker gehorchen.“

Auch heute ist jedem, dessen Leben durch sexuelle Sünden vergiftet und verdorben worden ist, der Weg zu einem neuen Leben offen. Die einzige Bedingung: eine tiefe Buße und Beugung vor Gott über diese Sünden, ein klares, rückhaltloses Bekenntnis der Schuld und ein deutlicher Bruch mit der Vergangenheit.

„Wenn wir unsere Sünden bekennen, so ist er treu und gerecht, daß er uns die Sünden vergibt und uns reinigt von aller Ungerechtigkeit“ (1. Joh. 1,9).

Zu allen Zeiten gab es Männer und Frauen, deren Leben ein deutlicher Beweis für die rettende und wiederherstellende Gnade Gottes war:

John Bunyan (1628-1688), der bekannte Kesselflicker, Prediger und Autor, war vor seiner Bekehrung ein „Vorbild aller Art von Gottlosigkeit und Lasterhaftigkeit." Er schrieb von sich selbst:

„Als es dem Herrn gefiel, meine Seele zu unterweisen, fand er in mir einen schwarzen Sünder dieser Welt. Er fand, daß ich mit Flüchen und Lügen um mich warf, daß ich meine Seele mit allen Arten von Lustgefühlen wie Trunksucht, Tanz, unerlaubten Spielen und sinnlichen Genüssen mit den lasterhaftesten Menschen dieser Welt vergiftete." [40]

Als er eines Tages wieder fluchend und schwörend sein Unwesen trieb, steckte eine als gottlos und liederlich bekannte Frau ihren Kopf aus dem Fenster und rief ihm zu, daß er der gottloseste Bursche sei, den sie je in ihrem Leben kennengelernt habe und daß er imstande sei, alle jungen Leute einer ganzen Stadt zu verderben, wenn sie in seine Gesellschaft geraten würden.

Nach seiner dramatischen Bekehrung wurde er ein eifriger Prediger des Evangeliums, dessen Verkündigung so deutlich war, daß man ihn über 12 Jahre hinter Schloß und Riegel setzte. Dort im Gefängnis schrieb er u.a. das berühmte Buch „Pilgerreise", das zu den bekanntesten Werken der Weltliteratur gehörte und nach der Bibel das weitverbreitetste Buch ist.

Seiner Autobiographie gab er den Titel „Überreiche Gnade für den größten der Sünder."

John Newton (1725-1807) war ein brutaler und gewissenloser Sklavenhändler, bevor er zum Glauben kam. Er hatte nicht nur selbst der Sinnlichkeit gefrönt, sondern hatte auch andere zum Unglauben, zur Lästerei und zu Ausschweifungen getrieben. Mutwillig hatte er alle heiligen Begriffe verspottet und verhöhnt, bis er auf hoher See in ein furchtbares Unwetter geriet und wochenlang mit gebrochenen Masten und zerfetzten Segeln den haushohen Wellen ausgeliefert war. Dort, täglich vom Hungertod und Ertrinken bedroht, kamen die ersten Gebete über seine Lippen.

Nachdem er zum Glauben gekommen war und sich von seinem grausamen Gewerbe trennen konnte, wurde er ein Prediger der Frohen Botschaft und Verfasser vieler geistlicher Lieder und Schriften. Mit Wilberforce zusammen war er maßgeblich an der Abschaffung des Sklavenhandels beteiligt.

Um sich vor Stolz und Vergeßlichkeit zu schützen, hatte er über den Kaminsims in seinem Arbeitszimmer mit eigener Hand die Worte gemalt:

„Gedenke, daß du ein Knecht gewesen bist im Lande Ägypten, und daß der Herr, dein Gott, dich mit starker Hand von dannen herausgeholt hat“ (5. Mose 5,15).

Die 45jährige Rebecca Jarret hatte ein Bordell betrieben und Dutzende von vertrauensseligen Mädchen in diese verderbliche Falle gelockt. Dem völligen Zusammenbruch nahe wurde sie von einer Schwester der Heilsarmee vor dem Trinkertod gerettet. Nach ihrer Bekehrung half sie in einem Rettungsheim für Prostituierte und zog aus, um Teenager aus den Bordellen von Southhampton und Porthmouth zu retten. Bis zu ihrem Tode (1928) blieb sie eine treue Mitarbeiterin der Heilsarmee.[41]

Wolfgang Dyck (1930-1970) hatte etwa 11 Jahre in Gefängnissen und Zuchthäusern zugebracht. Nach der Entlassung kam er durch den Dienst der Heilsarmee zum Glauben. Gott schenkte ihm noch einmal 11 Jahre, um ein lebendiges Zeugnis für Ihn zu sein. Diese Jahre hat Dyck ausgekauft, um zu jeder Zeit und an jedem Ort das Wort vom Kreuz zu verkündigen:

„Wir sollten bedenken, daß unsere Zeit in Gottes Händen liegt. Zeit haben heißt Leben haben, und unser Leben gehört Gott. Es sollte immer zu Seiner Verfügung stehen.“[42]

Man könnte aus allen Epochen der Kirchengeschichte bis in die heutige Zeit hinein Männer und Frauen nennen, die aus dem Schlamm der Sünde gerettet wurden, um dann das zu tun, was der Herr dem Gardarener befahl, welcher von einer Legion Dämonen befreit wurde:

„Gehe hin nach deinem Hause zu den Deinigen und verkünde ihnen, wieviel der Herr an dir getan, und wie er sich deiner erbarmt hat“ (Mark. 5,19).

Darum geht es in der Nachfolge Jesu, nicht um Selbstverwirklichung, erst recht nicht um Selbstliebe, sondern darum, daß wir unser kurzes Leben in den Dienst dessen stellen, der Sein Leben auf Golgatha zu unserem ewigen Heil geopfert hat.

Herr

zünde an
den toten Reisighaufen
meines Lebens

*

Gib
daß ich aufflamme
und
für Dich verbrenne

*

Verzehre mein Leben
Herr
denn es ist Dein

*

Ich trachte nicht
nach einem langen Leben
sondern nach einem erfüllten
gleich Dir
Herr Jesus

(Jim Elliot)

Quellenangaben

1 Don Richardson: „Herren der Erde“, Verlag der Liebenzeller Mission, S. 105

2 G. Huntemann: „Aufstand der Schamlosen“, Brockhaus, S. 7 (vergriffen)

3 H. u. G. Taylor: „Das geistliche Geheimnis H. Taylors“, Verlag der Liebenzeller Mission, S. 114

4 J. Graf: „Probleme der Jugend, Ehe, Familie“, Beröa-Verlag, S. 64

5 E. Elliot: „Im Schatten des Allmächtigen“, Brockhaus, S. 140

6 „Das Problem der Selbstbefriedigung“, Weißkreuz Verlag, S. 9 (vergriffen)

7 J.R. Rice: „Die Liebe vor der Ehe“, Herold, S. 14

8 K. Seelmann: „Zwischen 15 und 19“, Reinhardt, S. 189

9 A. E. u. B. Wilder Smith: „Kunst und Wissenschaft der Ehe“, Hänssler, S. 145

10 C.H. Spurgeon: „Ratschläge für Prediger“, Oncken, S. 82

11 O. Riecker: „Ruf an alle – George Whitefield“, Brockhaus/ Christl. Literatur-Verbreitung, S. 219

12 W. Nee: „In Hingabe leben“, Schwengeler, S. 88

13 E. Beyreuther: „Zinzendorf“, Bd. 2, Francke, S. 109 (vergriffen)

14 „Das Tagebuch John Wesleys“, Herold, S. 197

15 Ebd., S. 329

16 O. Riecker, a.a.O., S. 191

17 Ebd., S. 94

18 Aus dem bisher nicht veröffentlichten Manuskript von M. Weremchuk: „J.N. Darby“

19 Ebd.

20 N.P. Grubb: „C.T. Studd – Kein Opfer zu groß“, Brunnen, S. 33

21 Ebd., S. 34

22 W. Dyck: „Vom Knast zur Kanzel“, Evang. Gesellschaft/ Christl. Literatur-Verbreitung, S. 82

23 S. Hirzel: „Der Graf und die Brüder“, Quell, S. 51

24 E. Elliot, a.a.O., S. 50

25 O. Riecker, a.a.O., S. 192

[26] N.P. Grubb: „C.T. Studd – Ein Bote Gottes“, Reinhardt, S. 50 (vergriffen)
[27] N.P. Grubb: „C.T. Studd – kein Opfer zu groß“, a.a.O., S. 33
[28] E. Bender: „Weil ich dich liebe“, Brockhaus, S. 80
[29] E. Elliot, a.a.O., S. 26
[30] W. Busch: „Johannes Busch“, Aussaat, S. 70 (vergriffen)
[31] E. Beyreuther, a.a.O., S. 68
[32] N.P. Grubb, a.a.O., S. 34
[33] S. Kierkegaard: „Christenspiegel“, Brockhaus, S. 37 (vergriffen)
[34] W. MacDonald: „Wahre Jüngerschaft“, Hänssler, S. 73
[35] F. Binde: „Vom Geheimnis des Glaubens“, Evang. Gesellschaft, S. 50
[36] Zit. in E. Nannen: „Walter Trobisch und die Selbstliebe“, Bibel und Gemeinde 4/85, S. 400
[37] W. Trobisch: „Liebe dich selbst“, Brockhaus, S. 8
[38] Zit. in W. Trobisch, a.a.O., S. 9
[39] Ebd., S. 16
[40] A. Sundqvist: „John Bunyan“, St.-Johannis-Druckerei, S. 28
[41] Siehe: R. Collier: „Der General Gottes“, St.-Johannis-Druckerei, S. 121
[42] W. Dyck, a.a.O., S. 89
[43] E. Elliot, a.a.O., S. 140

Literaturempfehlungen

Zum Thema Liebe, Ehe, Sexualität:

A.E. u. B. Wilder Smith: „Kunst und Wissenschaft der Ehe“, 172 S., Hänssler Verlag
J.R. Rice: „Die Liebe vor der Ehe“, 40 S., Herold Verlag
Walter Köhler: „Intim vor der Ehe?“, 48 S., Brunnen Verlag

Zum Thema Nachfolge:

E. Elliot: „Im Schatten des Allmächtigen“, 144 S., Brockhaus Verlag
W. MacDonald: „Wahre Jüngerschaft“, 128 S., Hänssler Verlag
W. MacDonald: „Denk an deine Zukunft“, 64 S., Christl. Literatur-Verbreitung
W. Nee: „In Hingabe leben“, 100 S., Schwengeler Verlag
W. Nee: „Zur Ehre Gottes leben“, 168 S., Christl. Literatur-Verbreitung
R. Shallis: „Kurswechsel, das Leben beginnt“, 176 S., Hänssler Verlag
D. Boddenberg: „Meine Fragen – Gottes Antworten“, 136 S., Christl. Verlagsgesellschaft

Wertvolle Biographien:

R. Collier: „Der General Gottes – William Booth", 298 S., Verlag d. St.-Johannis-Druckerei

W. Deal: „Der Kesselflicker von Bedford – John Bunyan", 162 S., Verlag der Francke Buchhandlung

W. Busch: „Plaudereien in meinem Studierzimmer", 288 S., Schriftenmissions Verlag

N. Chrapow: „Das Glück des verlorenen Lebens", 3 Bände, Brockhaus/Friedensstimme

D. Richardson: „Herren der Erde – Stan Dale", 356 S., Verlag der Liebenzeller Mission

E.E. Ronner: „Marie Durant", 424 S., Hänssler Verlag

W. Dyck: „Vom Knast zur Kanzel", 98 S., Verlag der Ev. Gesellschaft/Christl. Literatur-Verbreitung

E. Elliot: „Durchs Tor der Herrlichkeit – Jim Elliot", 204 S., Christl. Verlagsanstalt

A.T. Pierson: „Niemals enttäuscht – Georg Müller", 254 S., Verlag der St.-Johannis-Druckerei

N.P. Grubb: „Kein Opfer zu groß – Charles Studd", 126 S., Brunnen Verlag

C.H. Spurgeon: „Alles zur Ehre Gottes" – Autobiographie, 318 S., Oncken Verlag

J. Lorch: „Solange es Tag ist – John Sung", 160 S., Brunnen Verlag

H. u. G. Taylor: „Hudson Taylor", 334 S., Brunnen Verlag

H. Brandenburg: „Ich hatte Durst nach Gott – Christa v. Viebahn", 252 S., Verlag des Diak. M. Aidlingen

H. Brandenburg: „Georg von Viebahn, General und

Christ“, 283 S., Verlag des Diak. M. Aidlingen/Brockhaus
G. Lean: „John Wesley – Modell einer Revolution ohne Gewalt“, 144 S., Brunnen Verlag
O. Riecker: „Ruf an alle – George Whitefield“, 224 S., Brockhaus/Christl. Literatur-Verbreitung
S. Hirzel: „Der Graf und die Brüder – N.L. von Zinzendorf“, 350 S., Quell Verlag

Die Lebensgeschichte
Wolfgang Dycks:

Dyck/Bühne:

Vom Knast zur Kanzel

TELOS-Taschenbuch
93 Seiten, DM 2.80

Wolfgang Dyck, als uneheliches Kind in Berlin geboren, in Heimen und Erziehungshäusern aufgewachsen, wurde schon als Jugendlicher wiederholt straffällig und verbrachte etwa elf Jahre seines Lebens hinter Gefängnis- und Zuchthausmauern.

Durch den Kontakt zur Heilsarmee erlebte Dyck 1959 in Stuttgart seine Umkehr zu Jesus Christus, die sein Leben total veränderte. Aus dem ehemaligen Schwerverbrecher wurde nun ein leidenschaftlicher Rufer zu Jesus Christus. In Kneipen und Nachtlokalen, in Zuchthäusern und auf der Straße verkündigte er mit rastlosem Einsatz die Botschaft vom Kreuz.

Seine kompromißlose, herausfordernde Predigt wirbelte viel Staub auf. Wo er erschien, gab es Schlagzeilen in den Zeitungen und Rumor unter den Christen.

Die Beurteilungsskala der Presse reichte von »Harmloser Narr«, »Schreihals Gottes« bis »Phänomen Dyck«.

Seine ungewöhnliche Lebensgeschichte ist ein Beweis dafür, daß es bei Gott keine unmöglichen Fälle gibt.

William MacDonald

Es gibt einen Weg zurück

CLV-Taschenbuch

64 Seiten, DM 2.80

„Was ist eigentlich mit dir geschehen, Bud?"

Bud gab keine Antwort, sondern zertrat nur seine Zigarette in den Straßengraben. Chuck versuchte es noch einmal: „Bud, es kann mir keiner weismachen, daß du in jener Nacht nicht gerettet wurdest."

Bud warf einen Blick auf das Haus, um zu sehen, ob jemand mithörte. Dann meinte er: „Ja, doch, ich war gerettet . . . aber ich bin weg vom Herrn." Es tat weh, ihn so zu sehen, wie er nervös mit dem Fuß an den vorderen Kotflügel seines Wagens trat.

„Ja, doch, ich war gerettet, aber ich bin weg von dem Herrn."

Der Verfasser wendet sich mit diesem Taschenbuch an solche, die einmal in ihrem Leben zu Jesus Christus als ihrem Retter umgekehrt sind, aber im Laufe der Zeit aus verschiedenen Gründen resigniert haben und in ihr altes Leben zurückgefallen sind.

Mit viel Liebe und seelsorgerlichem Feingefühl spürt der Verfasser die Ursachen für den Rückfall auf und macht dem Leser Mut zu einem Neuanfang.